ESSE NOSSO JEITO BÉLICO DE VIVER

Gerente editorial
Roger Conovalov

Projeto Gráfico
Lura Editorial

Diagramação
Juliana Blanco

Revisão
Karine Aragão

Capa
Lura Editorial

Primeira Edição
Lura Editorial - 2020.
Rua Manoel Coelho, 500. Sala 710
São Caetano do Sul, SP – CEP 09510-111
Tel: (11) 4318-4605
Site: www.luraeditorial.com.br
E-mail: contato@luraeditorial.com.br

Catalogação na Fonte do Departamento Nacional do Livro
(Fundação Biblioteca Nacional, Brasil)

Aragão, Karine
Esse nosso jeito bélico de viver / Karine Aragão.
1ª Edição, Lura Editorial - São Paulo - 2020.

ISBN: 978-65-990605-1-9

1. Ensaios 2. Comportamento social I. Título.

CDD: B869.4

---

www.luraeditorial.com.br

ESSE NOSSO JEITO BÉLICO DE VIVER

Reflexões sobre nossa linguagem e formas de comunicação afetiva

KARINE ARAGÃO

lura

A minha mãe,
pelo amor incondicional,
mesmo em tempos bélicos.

Literatura, Diálogo & Afetos
(Possibilidades para uma nova década)

Sumário

A SITUAÇÃO-PROBLEMA: COMUNICAÇÃO BÉLICA, ESCUTA OFF, NARCISISMO, CANCELAMENTO, LACRAÇÃO E DISPUTA

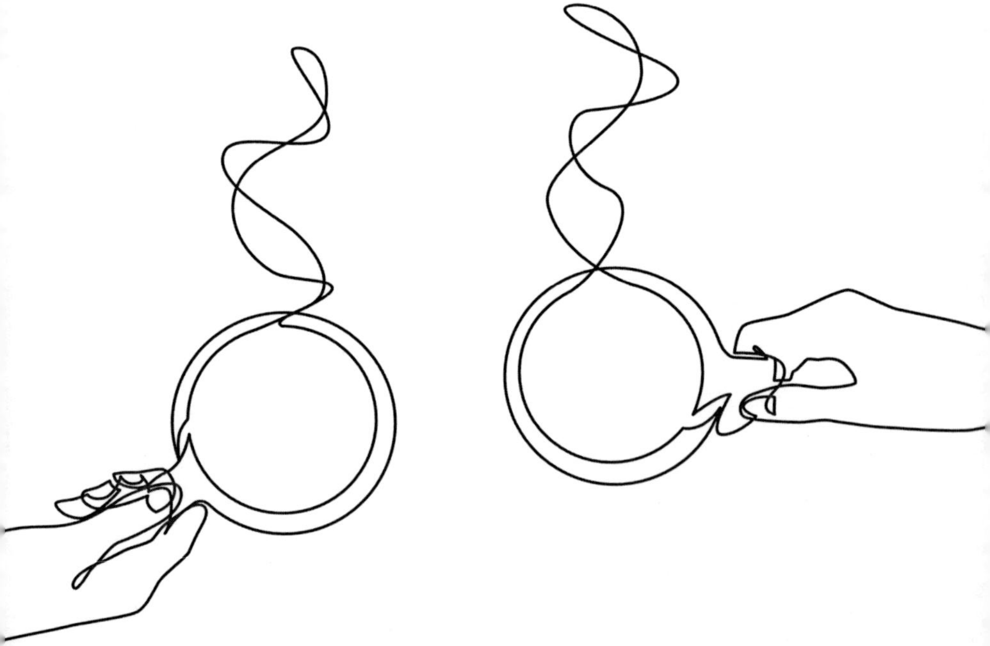

Apresentação

Talvez seja orgulho querer escrever, você às vezes não sente que é? A gente deveria se contentar em ver, às vezes. Felizmente tantas outras vezes não é orgulho, é desejo humilde.

Clarice Lispector,
Cartas perto do coração.

Meu desejo, mais profundo e verdadeiro, é que esses escritos cheguem a você com a mesma pulsão que a literatura clariceana rompe meu cotidiano, com a mesma vontade de potência que a filosofia nietzschiana instaura na minha rotina, com o mesmo movimento que Spinoza imprime a minha subjetividade.

O que seria dessa vida sem os afetos, sem as trocas, sem os diálogos? Apenas minutos passantes, segundos encaixando-se uns nos outros, do 59 ao 0, novamente... giro que começa e termina no mesmo lugar... sobreposição de vendas aos olhos, mãos que calam entre o nascer e o pôr do sol... apenas...

Como eu digo constantemente aos meus alunos, não basta identificar uma situação-problema, é mister propor uma reflexão sobre as possíveis formas de intervir nessa realidade, com abrangência coletiva, e, para isso, podemos considerar diversos âmbitos: social, educacional, laboral, familiar... Afinal, todos integram nossa dimensão afetiva e comunicativa, que, concordemos, estão bem comprometidas.

Para renovar o mundo, *precisamos de borboletas,* escreveu o poeta Manoel de Barros. Precisamos criar possibilidades: intelectuais, físicas, emocionais; de toda ordem, desde que elas nos impulsionem à percepção de que podemos e devemos fazer melhor, com empatia.

É necessário buscarmos a partir de ações, sem a ilusão abstrata de que a simples repetição em voz alta do desejo o tornará concreto — *um Quebra cabeça sem luz,* cantou Oswaldo Montenegro.

Quem somos nós, se não esse todo feito de miudezas?

É importante termos autorresponsabilidade diante dos caminhos que estamos construindo, pedra a pedra, flor em flor. Com aquela música que toca e o corpo todo pulsa.

Portas abertas? Janelas fechadas? Trem correndo nos trilhos? Gavetas transbordando? Televisão ligada para ninguém. Estar on-line como condição do viver. Constatar a felicidade com uma imagem postada às 20h de um domingo qualquer.

Competir com a música que vibra no outro apartamento, porque, do lado de lá, parece sempre mais interessante. A sensação ininterrupta de que existe uma festa para a qual o convite não chegou. *Quem são os adversários que hackearam o whatsApp?*

Quando desenvolvemos nossa autonomia, deixamos de criar a tóxica ficção de que todo mal, de que todo erro está no outro. Quem assume a autoridade de direcionar sua própria vida não precisa ficcionalizar e erodir inimigos, supostas justificativas de seus tropeços. O vento, o buraco, o salto, o sono, a chuva, a lama e o asfalto.

Quem está consciente não procura culpados, enquanto exime-se de qualquer responsabilidade. Quem está consciente sabe a sua vez de falar, sabe a sua vez de escutar. Sabe dialogar, mesmo que, por vezes, seja necessário terminar virando a mesa.

A consciência interpreta o cenário, desenha o perfil dos personagens e escreve um roteiro para fazer o filme funcionar. Reescreve, se necessário. E, convenhamos, quase sempre o é. Às vezes, os relógios marcam horas diferentes, mas a travessia é assim mesmo, entre trincos e invasões. As borrachas funcionam justamente para apagar os excessos.

As canções que você traz carregam o que é realmente essencial?

Que palavras você tem usado para construir a sua história?

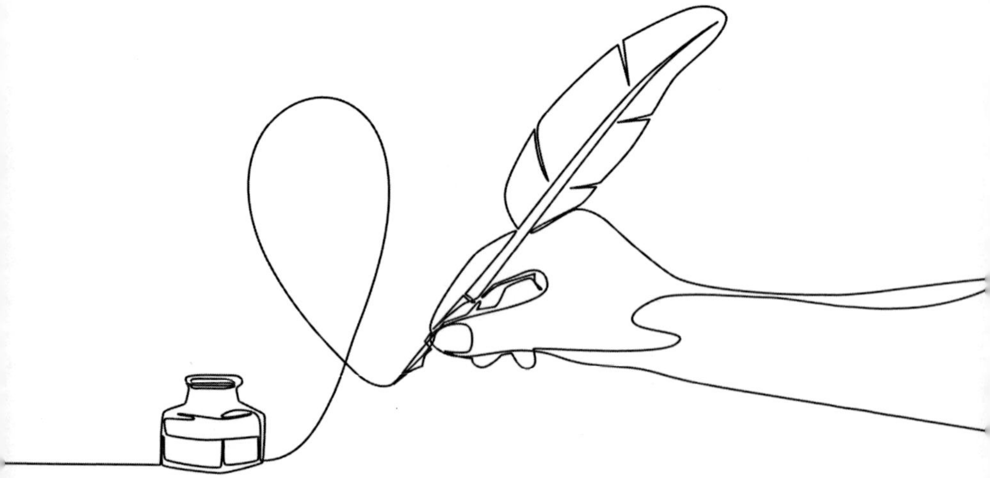

1

Um convite para escrevermos outra história

Talvez, por medo de *sentir*, de cair da bicicleta, a gente poupe a vida que, moldada, evapora de si mesma. *Autodefesa?* Eu chamo de *crise dos afetos*. Sempre que penso sobre esse tema, me vem à cabeça um lindo ensaio de Michel de Montaigne — *Da amizade* — em que ele fala de sua relação fraterna com Étienne de La Boétie.

Ao refletir saudosamente sobre a aproximação sensível entre duas pessoas com personalidades diferentes, Montaigne afirma: *Se insistirem para que eu diga por que o amava, sinto que não saberia expressar senão respondendo: Porque era ele, porque era eu*. Simples assim... O "outro" respeitado na sua alteridade, o "outro" que não é uma ameaça, um inimigo, que não precisa ser rebaixado para que o "eu" se mantenha no pódio.

O "eu" que pode ser inteiro na entrega do diálogo, o "eu" que procura uma relação de equidade, que busca caminhar ao lado, e não erodir o que lhe é alheio. A amizade como princípio das relações humanas.

Eu leio Montaigne e fico aqui, me perguntando... Será que todas as suas opiniões eram comuns a Étienne de La Boétie?

Por que não podemos interpretar a vida com simplicidade? Por que estamos perdendo a nossa capacidade de gerar e de receber afetos, sem que tenhamos que justificar uma utilidade prática para estabelecermos conexões? Por que não dialogamos mais? Por que estamos naturalizando a tirania da linguagem e subjugando a amizade?

Confesso que esse processo de redução da habilidade de dialogar me assusta: quando o outro só existe enquanto possibilidade de retroalimentação, de legitimação própria, de concordância centrípeta, que agrada e satisfaz.

Essas impressões valem como indícios de que muitas pessoas estão se fechando em suas convicções e perdendo o senso crítico sobre o que acreditam, servindo ao perigoso *mito da infalibilidade*.

A gente precisa reaprender a discordar, e isso é, em si, promover a quebra de hierarquizações e reconfigurar o próprio Narciso, uma vez que essa aprendizagem perpassa a noção de que não somos soberanos.

A gente é diferente quando sente, mas pode ser que, mesmo assim, a gente até se ajeite — me diz Samuel Rosa. Mas, para nos *ajeitarmos*, é preciso *olho no olho*. É preciso contemplar.

É preciso saber ouvir e reparar no outro. Ouvir de verdade, eu digo. *Como podemos melhorar nossas relações se não escutarmos, se não nos importarmos com o outro? Se estivermos centrados apenas em nossas próprias falas, sem compreender qualquer tipo de alteridade?*

Quando nos esquecemos do outro e transformamos o diálogo em um monólogo, nos tornamos aquelas pessoas que ouvem levemente as palavras de outrem, mas, na verdade, estão pensando sobre o que *elas* acham certo fazer ou sobre o que *elas* fariam, como se o mais importante da conversa fosse o conselho que *elas* darão.

E, gente, quantas situações e contratempos cotidianos não perpassam essa nossa dificuldade de escuta? Repare:

Você vai ao médico e, muitas vezes, a consulta é extremamente rápida, sem diálogo, sem perguntas, sem investigação. O diagnóstico segue mais veloz ainda — com erro e superficialidade. Um dos fatores em pauta nisso? Inaptidão para escuta.

Você vai ao cabelereiro e expressa exatamente o seu desejo: o corte na altura do ombro. O que ele faz? Picota seus fios na altura da boca! Capacidade de escuta: menos cinco!

Você diz para um amigo: não gosto dessa "*brincadeira*", não gosto que *chame minha atenção em público.* O que ele faz? Continua o jogo do silenciamento dos desejos e das necessidades alheias. O "eu" narcísico reina apagando alteridades, que se tornam embaçadas ao não terem voz.

Um "eu" que se julga onipotente declara violência a qualquer sinal de perda de holofotes.

Quantos "eus" narcísicos você conhece?

Eu conheço vários!!! Rs.

Há um texto belíssimo na nossa literatura (brasileira) — "A escutatória" —, presente do exímio cronista Rubem Alves, em que ele inicia suas reflexões dizendo: "Sempre vejo anunciados cursos de oratória. Nunca vi anunciado curso de escutatória. Todo mundo quer aprender a falar. Ninguém quer aprender a ouvir. Pensei em oferecer um curso de escutatória. Mas acho que ninguém vai se matricular. Escutar é complicado e sutil...".

A partir de um olhar extremamente sensível à realidade, Rubem Alves nos evidencia justamente esse alerta: não ouvimos o outro, de verdade, porque estamos mergulhados na nossa arrogância e vaidade, achando que nossos palpites sobre a história do outro são sempre mais importantes do que a própria história dele.

Silenciar nossa cabeça para receber o outro seria, inclusive, uma possibilidade de tocar o mais profundo da nossa humanidade, da nossa solidariedade, nos diz o cronista.

Ler Rubem Alves é um despertar de experiências...

Se a inabilidade para o diálogo tem se tornado um sintoma contemporâneo, cabe a nós reescrevermos a contemporaneidade. *Vamos, então, para além do final dessa rua?*

Por esses dias, conheci os quadros do pintor norte-americano Edward Hopper. Quem me levou até eles foi o livro "A hora de alimentar serpentes", da escritora Marina Colasanti.

Diante das micronarrativas de Colasanti, como "É você?", "Pequena delicadeza" e "Em algum ponto", fui atirada para o universo de Hopper. Senti-me como a mulher que folheia um livro num quarto de hotel, percorri toda imobilidade afetiva traçada pelo distanciamento do casal em "Noite de verão", compreendi que a solidão mais latente é aquela que acontece quando temos uma dificuldade dramática de estabelecer conexões, mesmo com tantas pessoas ao nosso redor.

Permeada pela melancolia, pelo vazio, pelo desencontro dos personagens de Colasanti e de Hopper — e com um interesse já meu, muito próprio, pelas histórias que poderiam ser e não são — fiquei, aqui, me perguntando: *por que a contemporaneidade se revela como um tempo em que é tão difícil estabelecer vínculos? Por que as conexões interpessoais têm sido caracterizadas pela superficialidade, pela premissa da superioridade, pela liquidez?*

Eu tenho algumas suspeitas... e todas se articulam a um sintoma preocupante: o trabalho invadiu nossa vida privada, jogou pela janela nossa subjetividade e tenta, com muito esforço, nos dizer que não nos é permitido estar off-line, que não devemos falhar, que não podemos duvidar, que assumir os erros, a vulnerabilidade, as experiências ruins é caminho direto para o fracasso eterno, inclusive, nas nossas práticas de comunicação.

A racionalização absoluta vai criando polarizações, como se a fragilidade fosse oposta à coragem, quando, na verdade, as duas são peças de um mesmo conjunto (lembrando a maravilhosa palestra de Brené Brown — *The call to courage* — tem no Netflix!!): quem se atira à arena e se coloca em posição de instabilidade mostra que conserva, em si, a característica da audácia, fundamental à abertura de novos rumos.

Isso não significa que, para desenvolvermos nossa subjetividade, é necessário desinstalar o WhatsApp e prescindir de todo progresso informacional, sem qualquer tipo de planejamento, deixando a sorte nos governar. A questão não é bem por aí.

O que eu considero pungente e urgente é que estejamos em constante tentativa de equilíbrio entre a vida real e a virtual, entre a história que eu tenho hoje e os caminhos traçados para alcançar a que eu gostaria, entre o grito e o silêncio, entre o comodismo e a perfeição.

Talvez, assim, quando começarmos a escrever uma história em que estranhemos esse cotidiano bélico em vez de nos adaptarmos a ele, uma história que não tenha como roteiro: "ser sempre melhor do que o outro, escondendo qualquer possibilidade de imperfeição", possamos fundir, conectar nossas narrativas.

Talvez, se permitirmos que as linhas sigam com mais leveza, uma letra atrás da outra, a gente acabe descobrindo que *a vida é sempre sobre a nossa decisão de embarcar ou não*, de jogar *tênis* — numa busca sedenta por encontrar e atacar os pontos de vulnerabilidade do outro — ou *frescobol* — procurando a melhor maneira de fazer o jogo durar (Rubem Alves que o diga!). Porque, sinceramente, eu não quero viver o meu tempo pensando em estratégias para me mostrar invencível e inabalável, eu não quero viver acuada como se as pessoas que estivessem ao meu lado fossem inimigas em potencial, eu não quero viver armada, pronta para guerra.

E, tendo consciência de que esse processo não é fácil, sei que cabe a mim escolher bem as pessoas que dividirão comigo essa jornada. Articular subjetividade e racionalidade pode sugerir um bom caminho. Algumas situações na vida são meramente acidentais, contudo, há outras que dependem, e muito, das nossas escolhas. Focalize essas!

Quem quer enxergar tudo acaba cego, louco ou fatigado... Quem quer todas as pessoas a seu lado — mesmo as tóxicas — está pedindo doses diárias de veneno. *Desenvolver o discernimento crítico sobre os valores que lhe são acessórios ou fundamentais é um constante exercício de autoconhecimento.*

Fazer seleções é difícil, mas, enquanto continuarmos simplesmente acumulando — obedecendo a uma lógica de mercado — vamos esquecendo o que é verdadeiramente importante. Observe com atenção: criar falsas necessidades coletivas, estimular seu constante "querer" é inerente a uma cultura mercadológica.

A própria polarização ideológica — incentivada por alguns veículos midiáticos, com notícias falsas e apelativas — é, também, uma estratégia de consumo, pois valoriza o sentimento de massificação e, assim, quando mitiga a singularidade, torna mais fácil, e menos trabalhosa, a criação de um produto por demanda.

Para potencializar essa reflexão, vale muito assistir ao filme "A onda" (2009), do diretor Dennis Gansel. A criação do uniforme, a saudação... quantas imagens passam agora pela minha cabeça... *O que pode acontecer quando o diálogo se desfaz? Ódio, estupidez.*

Como em um *admirável mundo novo*, a arte, a beleza, a ciência se tornam perigos públicos, capazes de questionar as engrenagens de um funcionamento, supostamente, regular. Perdida em utilitarismos, a nossa subjetividade é sufocada por tempos acelerados e, assim, consolidam-se os processos de dominação sobre indivíduos que se limitam a obedecer, a consentir e abdicam do seu potencial de questionamento, próprio da emancipação.

É justamente aí que entra a literatura, é exatamente nesse ponto que importa a capacidade de afetar e de ser afetado. *Literatura* e *Afetos* instituem dúvidas entre as nossas certezas, ensinam a múltipla perspectiva, o real expandido, ou alargado — para usar a nomenclatura de Hannah Arendt — permitem a experiência de vivenciarmos olhares diferentes dos nossos. Os ganhos dessa caminhada são consequências naturais, consideradas habilidades fundamentais para viver o século XXI: *empatia, criatividade, inovação, colaboração e resiliência.*

A gente tem certo apreço pela hierarquia, pela unidade, no entanto, aceitar a multiplicidade pode trazer uma leveza e uma liberdade incríveis. Quantas vezes não nos colocamos dentro de arquivos, assumindo identidades fixas, que se contrapõem a todos que não possuam os mesmos traços — visuais ou não.

A nossa necessidade de sermos perfeitos, de criarmos nichos, de vivermos em grupos parece nos cobrar uma dimensão exata de quem somos, e qualquer pequena mudança já seria um indício de contradição, fator de exclusão de determinado grupo tão coeso. *O que fazemos então?* Entramos em um processo de autossabotagem...

Identificamos algo em nossas atitudes, em nossa personalidade, que tanto gostaríamos de modificar, que nos incomoda, mas acabamos por dizer a nós mesmos: *Mas você seguiu assim até agora, como vai mudar de opinião a essa altura?*

Percebemos a incongruência, mas não conseguimos sair do grupo. Reproduzimos atitudes automaticamente. Olha aí o medo do novo, do imprevisível, do movimento em outra direção... A estrada que ficou para trás é aprendizagem. *Se encontrarmos um caminho melhor, por que não seguir por ele?*

As decisões que tomamos aos vinte anos nem sempre corresponderão ao que esperamos da vida aos 30 (Falo com propriedade!), aos 40 (Vou chegar lá!), e por aí vai... Só não se permite a mudança de opinião quem se encontra estagnado. *Eu, aqui, te convido a passar da curva.*

De que lado você está? Eis uma pergunta que me incomoda bastante. Internalizamos a ideia de que as polarizações são constructos inerentes à vida em sociedade. Caminhamos armados e atentos a encontrar a mínima falha do outro — que é sempre o outro — porque a fusão entre os diferentes seria impossível. Queria eu viver numa realidade que funcionasse como o poema *Contranarciso* — de Paulo Leminski — *o outro que há em mim é você, eu estou em você, eu estou nele, em nós, em paz.*

Compreender e refutar a tomada extrapolativa do nosso próprio *Narciso* me insurge como uma das principais tônicas da contemporaneidade. *Quanto tempo viveremos sem os "likes"?*

Na necessidade de parecer / ser / performar — em rede, em casa, no trabalho, nas relações interpessoais mais íntimas — lidar com nosso ego é uma luta diária. Refrear o nosso desejo de fazer da vida um palco onde nos destacamos como protagonistas oniscientes, onipresentes e onipotentes, enquanto os coadjuvantes passeiam, quase despercebidos, pelo cenário, é, realmente, um exercício de empatia. *Quem nunca desejou os holofotes apenas para si?*

Exibindo essas manifestações de egocentrismo, tem gente que anda por aí achando bonito o discurso: *"Eu compreendo essa situação, a pessoa não está errada, porque, se EU estivesse no lugar dela, faria a mesma coisa."* ou "*Por que você se ofendeu? Se fosse comigo, EU agiria de outro jeito.*"

Minha reflexão sobre isso é: *Um evento, uma ação apenas* são *justificáveis e compreensíveis caso você concorde com eles? Os fins só justificam os meios caso você os legitime? O certo e o errado, universalmente, dependem da sua opinião?*

Ainda temos que avançar muito como humanidade, e, durante esse percurso, eu te digo: é fundamental aprender que você não é detentor de uma verdade irrefutável, é imprescindível reformular o discurso de uma certa *tolerância*, porque, sinceramente, não cabe a você *tolerar ninguém*, a sua existência pode ser mais importante para você, somente para você, o que não faz disso uma abstração universal.

Aceitar que nem sempre as histórias são sobre você, que nem sempre você vai ser o melhor em determinada tarefa, que nem sempre a sua opinião irá prevalecer, que nem sempre é o seu dia de brilhar... *Haja resiliência para admitir que, nem sempre, os erros são dos outros.*

Você também pode falhar, você também se exalta e esquece o foco, sente preguiça e faz de qualquer jeito. *O inferno são os outros, o inferno somos nós.* Quem se julga perfeito e se diz sempre soberano está perdendo uma máxima oportunidade de aprimoramento. *Afinal, se já estamos definitivamente prontos, qual o próximo passo? Se o copo já está cheio, para onde vai a água-conhecimento que poderia complementá-lo?* Transborda, perde-se...

Por muitas vezes, eu tendo a achar que esse imperativo *temos que saber de tudo* provém, paradoxalmente, do medo do inesperado, do imprevisível, da impermanência, do desconhecido. *O que não pode ser controlado nos assusta.* O que não pode ser medido e racionalizado. O que insiste em não seguir nossos planos. O acaso, o insólito, o passageiro.

A vida é transitória e tem uma capacidade imensa de nos dizer a toda hora o quão pequenos somos... da bicicleta que tomba ao diagnóstico de alguma doença, das separações aos encontros.

A gente sobe e desce a escada rolante sem saber bem o que vai encontrar no próximo piso. Você pode suspeitar, mas as certezas não fazem parte dessa vida. Estamos sempre e em constante contato com essa realidade imprevisível — modificando-a e sendo modificados por ela — ter essa noção, talvez, nos ajude a perceber o quanto é importante desenvolver o trabalho sobre si como cura — *nos diria Spinoza* — na busca de viver a vida presente, em vez de debruçarmo-nos sobre a projeção de uma vida que, quiçá, nem aconteça.

Viver no futuro nos provoca mais medos e inseguranças... *Afinal, o que pode ser mais esquivo do que o próximo instante?* Se deixamos esse temor em relação à vida ascender, entramos, de novo, naquela falsa sensação de um perigo iminente e, daí, assumimos a postura bélica de quem precisa atacar. E há tantos perigos nesse belicismo... *desencantamento, perda de sentido...*

Como nos diz George Orwell, no livro "1984": o estímulo ao entusiasmo bélico é um elemento que funciona como ração que alimenta o desejo de segurar o poder com as próprias mãos e que impõe a uniformização.

Estaríamos reatualizando e vivendo a distopia narrada por Orwell?

Aceitamos apagar a nossa essência para pertencer a grupos que, aparentemente, mostram-se homogêneos e são capazes de tudo — tudo mesmo — para defender seus membros.

Essa *necessidade de pertencimento, mesmo ao que não nos cabe*, associada ao *clamor pela superioridade*, à busca por *aprovação social* pode nos levar a más consequências. Representamos em vez de sermos. A superficialidade vira a regra. Nesse momento, queria poder perguntar a Albert Camus: *absurdo é viver ou não viver?*

Caso pudéssemos trocar algumas palavras, eu o diria: *para mim, o absurdo está numa vida sem afetos, está nessa ideia de que precisamos inventar uma imagem de autossuficiência para atravessar a rua, para dar conselhos « lacradores » sobre a vida dos outros, sendo que, na prática, não conseguimos agir da mesma forma quando é a nossa própria vida que está em questão.*

Cobramos que os outros façam o que gostaríamos de fazer, mas não temos coragem... Alguém nos diz — *Se fosse eu no seu lugar...* — e a gente acaba se sentido fraco e inerte diante de certa situação. *Não se iluda!* Ninguém é tão autossuficiente assim. As pessoas gostam de criar essa imagem para exibirem-se soberanas, mas isso não é verdade.

Você não é a única pessoa insegura que atravessa a cidade. *Na maioria das vezes, nunca sabemos bem qual é a porta certa a abrir.* Por isso, como mecanismo de autopromoção, vestimos a fantasia da *normalidade* e reproduzimos tantos rótulos para os outros, atribuindo tom pejorativo a eles: « o promíscuo », « o sensível », « o ambientalista ».

Quanto a esse último, confesso que tenho me surpreendido muito com pessoas que, ao não fazerem nada para contribuir positivamente com o meio ambiente, incomodam-se com quem faz, procurando falhas em suas ações: *Você virou vegetariana, mas e a plantinha?* Acredito que elas sigam o lema: *Não posso fazer tudo, então, não faço nada.* Lamento muito ao me deparar com essas perspectivas, mas a minha opção é: *Farei o melhor que puder dentro das minhas condições.*

Chegamos ao absurdo, querido Camus, basta perceber que as boas pessoas incomodam. Em 2020 — ano em que escrevo — ser um *indivíduo ético* virou ofensa — sinônimo de ingenuidade, de despreparo diante de um mundo que insiste em nos colocar em marcha —, enquanto o bom mesmo seria ter a ousadia de proferir comentários maldosos e ofensivos no

Twitter — verdadeiros ou não, não interessa — capazes de destruir e de humilhar o outro.

Ser do contra é um dos modismos mais tóxicos da contemporaneidade. É isso que chamam de *coragem hoje em dia?* Precisamos voltar urgentemente a Nietzsche e à tragédia grega. Precisamos entender que *coragem tem a ver com a capacidade de experimentação de si mesmo, no processo de nos tornarmos quem somos*. Precisamos recuperar a *civilidade do espaço público.*

Afinal, a *liberdade de expressão* é um direito constitucional, e não absoluto, e não sem limites, e não artifício embasador para discursos de ódio e para promoção da desarmonia social, contrariando outro princípio constitucional de respeito à *dignidade humana.*

Em um livro belíssimo — *7 maneiras de ser feliz* — o francês Luc Ferry atualiza uma máxima bem pertinente, traçando uma dicotomia entre *liberdade de expressão* (liberdade de pensamento) e ilusão de *liberdade soberana* (relacionada ao sarcasmo, à ridicularização, à zombaria, à vulgaridade).

Declarar ódio contra alguém não te faz superior, ao contrário, esse processo de tentativa de reafirmação pela inferiorização do outro revela uma personalidade caracterizada pela mediocridade.

É, também, nessa mediocridade que o diálogo se perde. Tomamos o lugar absoluto do pódio e nos tornamos incapazes de objetivar uma realidade, de ampliar o alcance da nossa visão, de compartilhar diferentes perspectivas na intenção de construir um senso comum. Dominados pela ilusão de uma assertividade extremada, ficamos inertes, esperando que o pensamento do outro possa "*evoluir*" até o nosso, "*caso ele seja capaz*".

A racionalidade argumentativa — princípio dialógico por excelência para Jürgen Habermas — desfaz-se diante de ofensas. *Em um campo discursivo ridicularizado, caminhamos da lucidez comunicativa à alienação.* Com as nossas possibilidades comunicativas e afetivas minguadas, vamos perdendo traços que nos reafirmam enquanto humanos.

Tenho certa dificuldade de acreditar que uma vida moldada sob a ótica *não diga às pessoas que elas são importantes para você* e *esteja sempre em ataque* possa trazer momentos de felicidade. A vida não é um jogo, não é uma receita. Não é um todo pronto. *Se você não pode ser você, quem será? Por quanto tempo sustentará esse personagem?*

Todo sorriso que não pode se abrir por inteiro se perde. Toda lágrima que não transborda pesa mais do que o próprio corpo. Faz buraco. Confessar a alguém que essa pessoa desperta sua *potência de agir*, que ela é um *bom encontro* na sua vida, que ela é a *alegria manifestada perto de sua causa* — para lembrar, mais uma vez, Spinoza — só pode representar algo destrutivo se estivermos na direção errada.

A gente quer começar as mudanças por fora, mas deveria começar por dentro. Para início de conversa, admitindo que os medos, as incertezas que nos compõem fazem parte do processo. *Quem se mostra muito inteiro por aí não teve, ainda, a coragem de arrancar a armadura e de lidar com o que realmente importa.*

Não queira ser essa pessoa, não admire sua estabilidade. Ela é uma farsa da pós-modernidade, que tem exaltado o superficial. Uma manipulação para fazer você se sentir perdido e, inclusive, carregar uma grande culpa por não saber responder a fatídica pergunta do gato da Alice: *Para onde você quer ir nesse país das maravilhas?*

Fazer as malas e viajar é, normalmente, uma experiência incrível, mas *novos cenários são, apenas, novos cenários se o verdadeiro desembarque precisa acontecer na nossa cabeça, no nosso coração.*

Se a gente decide viajar para dentro — porque sim, essa é uma decisão — é necessário repensar, sobretudo, o lugar e o tempo que reservamos aos afetos. Desfazer as pressões para que superemos o luto com pressa — sejam os eternos, sejam os do dia a dia — e abandonar a ideia: *Ser forte é não ter sentimentos, o mundo se aproveita das pessoas bobas!* Vamos reavaliar isso aí.

Ter sentimentos e ser uma pessoa sensível não significa dizer « sim » para tudo. Ao contrário, o processo de autoconhecimento nos leva a perceber nossos limites, o que nos agrada ou não, até onde podemos e queremos ir.

Aprender a dizer « não » é libertador, e essa aprendizagem não tem como exigência que você se torne uma pessoa alheia ao que pulsa dentro de você.

Por falar nisso, confesso certa paixão por esse verbo — coisa de escritor que se apaixona por palavras. Me surpreende que a gente venha deixando de perceber e de valorizar tudo o que PULSA naturalmente no nosso corpo. O coração acelerado, o sorriso incontido, a lágrima que vem como chuvisco, o brilho do olhar, a saudade que parece desorganizar os sentidos de uma só vez. O momento que gostaríamos eterno. *Qual vida você inventa antes de dormir?*

O desejo de abraçar e de não soltar nunca mais. Outra confissão: abraço, para mim, é encontro. Tem que ser por inteiro, na contramão da apatia e da liquidez. Entrega. Desenho de sentimentos. Pulsante.

Acredito que, aqui, a simplicidade seja uma chave importante: a pulsação nos ajuda a perceber se estamos no caminho certo. Nem que seja o certo apenas pelos próximos instantes. *Afinal, toda decisão só é definitiva até que o mundo gire de novo, mostrando a sua imprevisibilidade soberana.*

A arte existe porque a vida não basta, já nos disse Ferreira Gullar. Por muitas vezes, minha sensação é de que, mesmo duas ou três vidas não nos bastariam. Contemplando o *vasto mundo* de Drummond, temos sede de viver tudo, nos perdemos em todos os *se* — vendaval de possibilidades — e tropeçamos tentando achar respostas para as indagações que não nos deixam esquecer que *a vida é um tecido que vai se formando quando a gente ainda está aprendendo a costurar.*

Diante de cada nó, de cada linha que não encaixa direto, de cada ponto mal dado, nem sempre é possível voltar e desfazer. *O que nos resta? Jogar fora o tecido?* Jamais... A gente faz do nó um *nós*, uma chance de olhar pra dentro e de encontrar com a gente mesmo nesse bordado.

É... A gente precisa mudar essa narrativa, esse belicismo desenfreado. Não podemos considerar o mal como regra, não podemos cair em um vazio reflexivo que quer apagar a nossa singularidade — para lembrar um dos mais brilhantes textos de Hannah Arendt: *As origens do totalitarismo* (1951).

Desde que fui apresentada ao pensamento de Hannah Arendt, em uma aula do Mestrado em Letras, na UFF, em 2010, decidi que eu faria parte do grupo dos que acreditam que a manutenção da nossa subjetividade é imprescindível para que não nos deixemos sufocar.

Resolvi que seguiria com Arendt, desenvolvendo a atividade de pensar, o hábito de examinar, de refletir, de questionar sobre qualquer acontecimento. Por isso, acredito que manter viva a *estranheza* seja um sinal de que ainda carregamos a *consciência dos afetos*, mesmo que, por vezes, adormecida.

Na contramão ao utilitarismo, à massificação, temos que buscar, constantemente, situações que nos reafirmem enquanto sujeitos, enquanto indivíduos emancipados. Temos que ressignificar os momentos de ócio, de lazer, de diálogo, de contemplação como inerentes ao nosso processo de humanização.

Nosso e do outro, pois a destituição do próprio reconhecimento como humano é a primeira peça a cair numa fila de dominós: a partir da própria anulação como sujeito, a vida alheia passa a valer menos ainda. Por isso, quanto mais nos afastamos da nossa subjetividade, mais frios, violentos, agressivos e indiferentes nos tornamos. O dominó da frente vai caindo sobre o de trás; e a sequência você já sabe: todos ao chão.

Estabelecer laços interpessoais não pode ser considerado perda de tempo. A beleza do cotidiano está em apenas ser, sem nenhum desdobramento necessariamente pragmático. Nisso, concordo com Adélia Prado: *a coisa mais fina do mundo é o sentimento. O pão, o café, o tacho no fogo com água quente.*

Vivo a contemporaneidade e a encaro com olhos críticos. Não a partir de uma visão negativa, desiludida e desacreditada, estou bem longe de ser uma pessoa pessimista. A criticidade, na minha concepção, tem a ver com o discernimento de promover, constantemente, interrogações sobre caminhos individuais e coletivos, na tentativa de ajustar, de maneira equilibrada, os limites entre o acelerador e o freio. Esse é o meu conceito de "*felicidade consciente*".

Tomemos, então, uma palavra importante para pensarmos qualquer pressuposto sobre inteligência emocional: *equilíbrio*.

A difícil arte de encontrar o meio termo, de pisar exatamente no centro do trapézio, de cortar a maçã em duas partes iguais, de não gastar de mais, nem de menos, de não dormir nem muito, nem pouco, de se permitir correr riscos, mas também se preservar, de saber o que é sonho e o que é delírio entre a calmaria e o mar aberto, de não ser nem uma pessoa alienada, nem aquela que precisa postar sua opinião no *Twitter* sobre tudo o que acontece a cada segundo no mundo, como se fosse detentora suprema de todos os saberes: religião, direito, educação, cultura, história...

Estamos em tempos de palanques virtuais, por onde circula a quase obrigatoriedade de que todos se pronunciem. Uma mistura entre superficialidade, grito, narcisismo e espetacularização.

Nesse fluxo contínuo de discursos, tenho percebido uma certa confusão sobre a análise do que pode ser validado como "argumento de autoridade". Tenho encontrado muita gente que confunde "informação" e "conhecimento", "documento histórico" e "mensagem do WhatsApp", "pesquisa acadêmica" e "tweets", "discordância" e "confusão", "liberdade" e "agressão", "vulnerabilidade" e "fraqueza"... Enfim, a lista é enorme... Você também já deve ter feito a sua...

Nietzsche declarou a morte da idolatria, e eu concordo com ele. Não precisamos de ídolos para seguir numa estrada cega, abdicando de nossa capacidade reflexiva. Não precisamos de perspectivas unilaterais. O que expande nosso campo de interpretação é o diálogo, a troca, a multiplicidade, o "Será que precisa mesmo ser assim?"

Se a nossa capacidade cognitiva nos trouxe até aqui, se a nossa habilidade de contar histórias e de acreditar em abstrações que nós mesmos criamos nos colocou no « topo » do planeta — como bem nos esclareceu Yuval Noah Harari em *Sapiens* (2014) — vamos utilizá-las a nosso favor. Não somente para dominar e subjugar, mas, sobretudo, para escrever uma nova narrativa em que possamos acreditar.

Uma *narrativa dos afetos*, onde não se fica esperando uma solução utópica, rápida e definitiva para todos os contratempos presentes nessa contemporaneidade bélica. Mas, ao contrário, toma-se o cotidiano e a linguagem como aspectos emergentes e revolucionários, *pois é justamente aí que a subjetividade acontece: no dia a dia.*

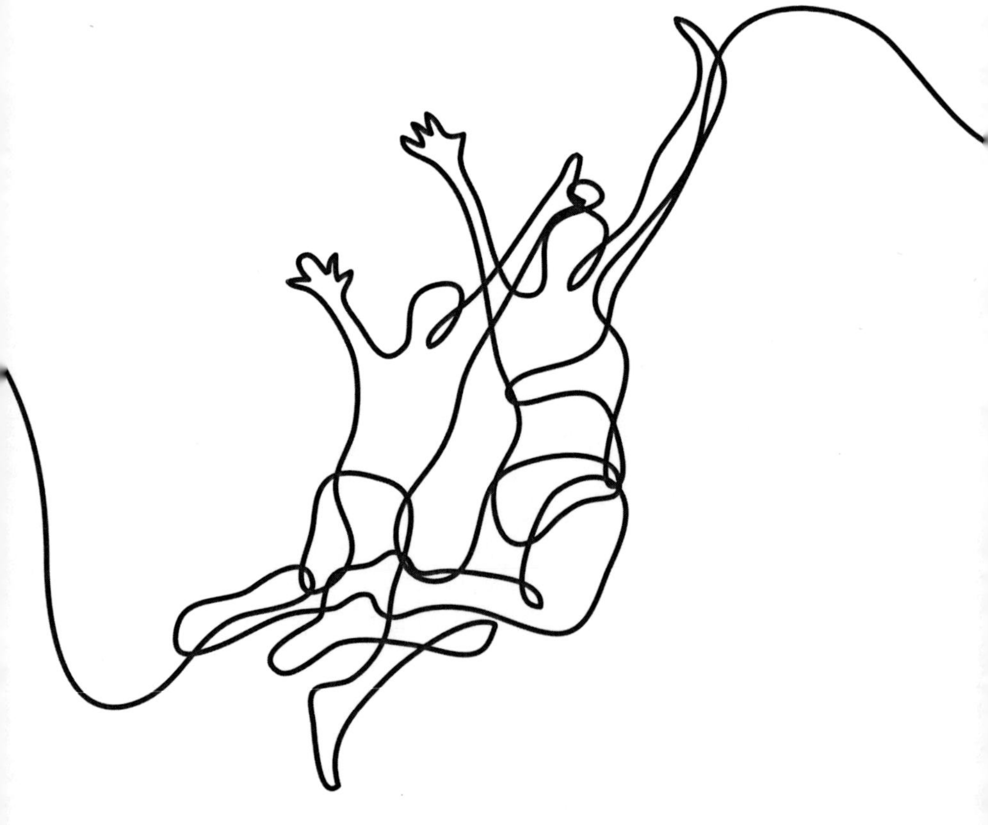

2

Você, o outro e a corda

Costumo dizer que nós somos a medida dos cinco livros que mais nos marcaram. Parafraseando uma assertiva que circula em variados blogs, vídeos e mensagens sobre *autoconhecimento* e *desenvolvimento pessoal*, substituo pessoas por livros. Não faço isso a fim de promover uma comparação hierárquica entre seres e objetos, essa paráfrase é, apenas, uma maneira de revelar as lentes que eu utilizo para ver o mundo.

A minha relação com os livros é quase antropofágica: após me acompanharem por dias, eles passam a morar em mim, as palavras absorvidas circulam por todo corpo: são meu sangue. A turbulência provocada pelos personagens é capaz de reorganizar meu código genético, chegando a uma estabilidade que se instaura até a próxima leitura, quando, novamente, apaixono-me pelo imprevisível. A delícia de viver o inesperado. *A escrita é sedução, desejo,* é conquista.

A respiração acompanha o ritmo da narrativa, ora o ar parece escasso, ora é preciso segurá-lo nos pulmões, ora volta-se ao processo natural. A literatura é a forma mais potencial de diálogo, de transcendência, de devir, de ruptura com o imediatismo, com o fluxo contínuo, com o agir no automático, com o *fazer porque todo mundo faz.*

O medo de tentar nos paralisa, a literatura nos atira para frente. As consequências são apenas consequências. Toda decisão carrega as suas.

Quero o diálogo, não a conclusão. Os olhares, a ponta solta, o "*não saber bem como*", o detalhe. O suspenso. As reticências. Viver a construção em vez de só desejar que a obra termine. Quero o livro aberto. A página virada, a mão deslizando pelo papel...

Que venham as condições imperfeitas, o solo perene, a corda-bamba, o caminho inseguro, a transformação inesperada, os rascunhos amassados e reescritos. A letra que vacila no papel. As perguntas sem resposta. As conversas sem desfecho. A ida e a volta, sem tempo pré-definido. O esperar, o refazer, o recomeçar. A entrega. *Gastar horas organizando a coxia, porque, daí pra frente,* é espetáculo.

A minha personalidade, a minha forma de estar e de conduzir são embebidas, principalmente, pelas entrelinhas clariceanas. Sim, os meus cinco livros de cabeceira trazem o nome de Clarice Lispector na capa. De maneira muito pontual — para que esse ensaio não se transforme em uma análise crítica da obra de Lispector (rs) — posso confessar que dois anos de intenso estudo — no Mestrado — sobre o livro *Cartas perto do coração* me transformaram em alguém que não consegue se limitar ao aparente, à obviedade, ao comodismo, ao superficial.

Lóri, Joana, Macabéa, G.H me impuseram uma realidade da qual não posso mais sair. Quebraram a janela. Puxaram as cortinas. O sol entrou. Elas desnudaram os véus das crises existenciais que moram em todos nós. Ana e Laura me sussurram ao ouvido: *Alguém precisa fazer*, e eu só consigo pensar: *esse alguém sou eu.*

Torno-me, assim, um sujeito de ação, e, percebendo, ao meu redor, o desenvolvimento de um cotidiano bélico, em que as pessoas mostram-se em postura de ataque, de defesa, de confronto, de agressividade em situações corriqueiras, sinto-me na obrigação de suscitar, de provocar reflexões sobre essa temática, bem como de pensar sobre caminhos possíveis para o desarmamento da nossa personalidade.

Não me surpreende que um dos significados do termo *arma* — de origem latina — seja *imposição de força, de poder.* Em ambientes privados, círculos familiares, ou em contextos públicos, em que o senso de coletividade deveria vigorar, o que percebemos são guerrilheiros armados, em constante disposição para conclamar uma briga por qualquer motivo.

A sensação de insegurança constante — um imperativo contemporâneo — e, consequentemente, a busca por uma estabilidade a qualquer custo tem nos levado à abdicação da nossa liberdade, inclusive, da liberdade de pensar, como já nos alertava Sigmund Freud e, posteriormente, Zygmunt Bauman, ao postularem a dialética: *Quem deseja a liberdade extrema* há de abdicar da segurança, e vice-versa.

A gente quer a promessa da técnica, da racionalidade extremada, porque, assim, parece mais fácil seguir em meio à insegurança da *fortuna* — para usar um conceito muito caro a Maquiavel. Minha pergunta é: *Onde toda essa técnica nos trouxe, para aonde ela está nos levando?*

Seguimos em alta velocidade, o perigo está iminente, mas não conseguimos parar. O alerta disparou, mas estamos rápido demais para perceber. Desacelerar representa perda de tempo. Pode nos fazer ficar fora do pódio. Competição e Produtividade. Perguntas superficiais seguidas de respostas imediatas.

Promessas de felicidade — fórmulas que nos generalizam e dizem que só há uma maneira de se sentir realizado: reforme a casa. Somos o grupo A contra o grupo B. Para que eu tenha mais é preciso que o outro tenha menos. Colocamos nossas máscaras e saímos por aí, simples produtos de uma reprodução em série.

Sabe aquela cena do corredor quase queimando a largada porque está ansioso pela vitória, pelo sucesso, pelo reconhecimento, pela disputa contra os concorrentes? Pois bem, temos nos mostrado assim na vida, um tanto quanto sedentos por um conflito, no qual possamos exacerbar uma violência que se alimenta das situações de medo e de vulnerabilidade do dia a dia.

Não interessa contra quem, não interessa o alvo. O único ponto fundamental é definir um inimigo que, de preferência, esteja do lado mais fraco da corda, porque, assim, é mais fácil assumir a polarização oprimido X opressor. *Eu venci!* tornou-se o grito dos sonhos, muitas vezes, transposto para versão: *Lacrei!. Uma sociedade de lacradores é uma sociedade sem diálogo.*

Quando tratamos de temas considerados tabus, esse sintoma da insuficiência do diálogo se faz ainda mais grave: não se pode falar sobre depressão, enquanto isso, o número de pessoas em quadro depressivo aumentou em 18,4% nos últimos 10 anos — em escala mundial. Não se pode falar sobre crimes contra a dignidade sexual de crianças e adolescentes, enquanto isso, entre 2011 e 2017, as notificações que chegaram ao Ministério da Saúde de abuso sexual infantil cresceram em 83%. *O silêncio é propulsor à perpetuação de problemáticas, o diálogo é antídoto.*

Nesse território meio *Ensaio sobre a cegueira*, meio *Walking dead*, meio *Game of Thrones* cada um escolhe os objetos que lhe darão poder. Eu escolho os livros. Não para enfeite, não para exibir em prateleiras poeirentas, mas porque o conhecimento é capaz de tornar mais forte, de fazer recuperar a visão, de fazer enxergar as disparidades, de levar a indagações, de despertar para a validade de um projeto coletivo, de pulsar a empatia, de convocar a reflexões antes de agir, de despertar o desejo por ser uma pessoa melhor no próprio cotidiano.

Acabo de inventar um novo significado para o verbo *subjetivar*: ação de quem questiona esse nosso jeito bélico de viver.

A perda da nossa capacidade de contemplação é um sintoma da pós-modernidade. Aceitamos a aceleração do tempo como uma obrigação social. Viver para trabalhar torna-se a regra e *não ter tempo para o ócio, para, simplesmente, observar* ganha requinte e se transforma em metonímia de uma imagem que alguns denominam *vida de sucesso*. Guarda-roupa. Etiquetas pelo corpo. *Felicidade?*

Fechamos os olhos e nos preenchemos de uma falsa salvação. O mundo acontece lá fora e não tem nada a ver comigo. Meu dia seguirá normalmente e, do sofá, conclamarei minha frase de maior impacto: *Alguém precisa impedir isso.*

A exclamação é necessária para sugerir certo envolvimento. *Quanto menos autonomia, menos emancipação, menos criticidade, menos reflexão, menos mudança. Mais reprodução, mais aceitação, mais dominação, mais absolutismos, mais alarde, mais inimigos, mais medos que podem emergir de qualquer subsolo. Mais segurança? Menos liberdade?*

Podemos tentar o equilíbrio?

Furar a bolha dá medo porque nos coloca perante uma realidade completamente diferente da nossa e, diante disso, você é levado a decidir: *Vai ser um sujeito indiferente ou um sujeito de ação? Sem tentar encontrar justificativas para amenizar sua decisão, ok? Não podemos fazer tudo, mas o que está a nosso alcance fazer?*

"Ativista não é o homem que diz que o rio está sujo. Ativista é o homem que limpa o rio".

Você concorda com Ross Perot?

Assuma sua postura e reflita constantemente sobre ela, seja qual for a sua escolha. Lembre-se sempre de que a mudança se faz em simples e paulatinas atitudes. *Ninguém embala todos os móveis de uma só vez.*

A literatura nisso tudo? Ela liberta do óbvio.

A educação, o diálogo são a solução efetiva em todas as situações? Não, claro que não. É preciso saber lidar com a perda, com a derrota...

Mas, creia, seu principal inimigo não está puxando a corda do outro lado. Seu inimigo mortal, o verdadeiro vilão dessa narrativa é aquele que sussurra do seu lado, no seu ouvido, bem baixinho: *você precisa vencer a qualquer custo.* E esse, meus amigos, esse vilão tem muitos nomes. Cada um identifique o seu...

3

Vamos contra o fluxo, você topa?

Foi-se o tempo em que apenas o *trânsito* era conhecido como *locus* capaz de gerar brigas e discussões animalescas. Lembro-me muito bem dos conselhos diários da minha mãe quando comecei a dirigir: *Se você estiver devagar e alguém te xingar, não responda! Finja que não ouviu.*

Carros percorrem a estrada da irritabilidade...

Atualmente, as trincheiras estão em diversos ambientes: nas Redes Sociais, nas escolas, nos consultórios médicos, nas reuniões familiares, nos churrascos de confraternização. Todo lugar parece propício a se tornar um campo de batalha, basta que duas pessoas tenham pontos de vista divergentes. Basta que novas subjetividades exibam-se em ascensão. O conflito virou a regra. A harmonia, a exceção.

Nossos mecanismos de sociabilidade parecem reduzir a cada dia. Vamos perdendo a capacidade de negociar, de ponderar. Tudo e todos se tornam descartáveis, obsoletos, intercambiáveis, são cancelados. Temos grande obsessão pelo certo, pela perfeição, pelo controle.

Um dia nos disseram que expor os sentimentos era sinônimo de fraqueza, e a gente acreditou. Um dia nos contaram uma fábula em que o personagem mais bem-sucedido era aquele que possuía estabilidade, riquezas, certezas... e a gente acabou se convencendo de que isso era felicidade: *quando eu tiver tudo o que desejo...* Grande ilusão... o desejo nunca cessa. Pêndulo. Moeda girando no ar.

Quero deixar claro que não estou falando apenas de opiniões articuladas às eleições presidenciais, de escolhas relacionadas à religião ou de preferências ligadas ao futebol, por exemplo — situações já conhecidas por inflamarem qualquer reunião de família.

Observo que, atualmente, inclusive uma corriqueira conversa sobre qual seria o melhor estilo musical, ou sobre o restaurante com o cardápio mais variado, ou até mesmo sobre qual seria a melhor praia de Niterói podem desencadear violências morais e físicas.

Quantas conversas não terminam com a frase: *Você não concorda comigo porque é burro, desinformado ou tem mau gosto!...* Se estivermos diante de alguém assim, acredite: silenciar e escapar pela tangente é a melhor opção. Nesses casos, o silêncio não representa apatia, pelo contrário, é uma atitude equilibrada de respeito à própria saúde emocional.

O diálogo pressupõe pares racionais, que estabeleçam argumentos que se contraponham e se complementem. Quem profere ofensas a qualquer sinal de discordância recusa sua capacidade humana.

Da mesma forma, fique atento a pretensões de argumentação que tentem desqualificar a pessoa que argumenta em vez da ideia defendida. Esse tipo de falácia — denominada *ad hominem* — é comumente acompanhado por expressões: *Quem é você para falar isso? Lembra aquele dia em que você...* e, daí, seguem-se incontáveis revelações íntimas e constrangedoras, segredos pessoais são expostos, amizades são desfeitas, laços são rompidos...

Entramos em uma verdadeira crônica de Nelson Rodrigues. Nesse mar de desentendimentos, os argumentos — que deveriam ser o centro do debate — ficam relegados a segundo plano. *Um bom articulista debruça-se sobre argumentos, não sobre juízos de personalidade.* Observe!

Pouco a pouco, estamos perdendo a nossa aptidão de lidar com a discordância, mitigando a nossa profícua habilidade de duvidar. Trancados em nossas bolhas ou em câmaras de eco — por nossa própria vontade, afinal, você não precisa se limitar às primeiras sugestões de busca do *Google* ou do *Facebook* — caminhamos tentando encontrar e agregar pares que não nos retirem da zona de conforto da aquiescência.

Sufocamos, propositalmente, qualquer pensamento cético: interrogar-se é muito trabalhoso. Temos dificuldade de lidar com a dissonância cognitiva, quando nossas crenças, opiniões e conhecimentos científicos entram em conflito.

Andar à procura de si mesmo pode ser desconcertante, nem todos estão aptos a essa jornada, alguns preferem a estabilidade de um tripé: imóvel. A menoridade de Immanuel Kant, ou seja, a aceitação do obscurantismo e a negação da luz do esclarecimento.

Caminhar na direção da manada é, também, uma opção. Considerar perspectivas, analisar propostas, investigar as entrelinhas, refutar notícias falsas... cansa, eu sei... Por isso, talvez, apenas seguir a maioria pareça mais atrativo, apenas fazer o que todo mundo já faz porque sempre foi assim... *Mas o nosso caminho aqui é contra o fluxo, ok?*

Não acredito que seja válido ficar repetindo por aí que a tecnologia afasta as pessoas, provoca comportamentos viciosos, prejudica o desenvolvimento cognitivo, fomenta a ansiedade... Afinal, tecnologia é ferramenta, nós decidimos como vamos utilizá-la (a exemplo, pense o quanto foram importantes as chamadas de vídeo para nos manterem conectados durante o período de isolamento físico na pandemia do novo coronavírus). Se o *WhatsApp* te controla ou se você o domina, a escolha é sua. Você opta se seu feed do *Instagram* é marcado por informações tóxicas ou beneficamente relevantes. Você é livre para decidir se é melhor passar horas consumindo qualquer tipo de conteúdo digital ou tomando um café, vinho, cerveja com amigos.

Ao se imaginar chegando a uma festa surpresa preparada para você, a sensação latente é olhar cada pessoa que a esperava ou tirar o celular do bolso e começar a fazer *Stories*? A decisão é sua! Autorresponsabilização, gente! Vamos assumir a parte que nos cabe nessa hipermodernidade.

Às vezes, o que a gente precisa é esquecer que não se sabe. É entender que se aprende no meio do caminho. É não aceitar rabiscos se temos consciência de que merecemos mais. É reconhecer que temos uma capacidade incrível de autossabotagem, de enxergar além ou aquém do texto, mas fingir certa satisfação porque, *de forma contraditória, a mentira preenche alguns vazios*. Responde a algumas questões.

Vale o meio certo porque a resposta completa parece impossível. Só que o custo disso é alto e, quando a verdade resolve entrar, ela vem desarrumando o quarto, levantando os tapetes. Canto desafinado. Siga atento: *você não precisa sentar em qualquer mesa porque ela está vazia e você cansado*. Aguente mais um pouco, observe o lugar, contemple... E, aí sim, puxe a cadeira. Sem pressa.

4

O belicismo do dia a dia: "Discordou? É inimigo!"

Quando alguém discorda da gente, essa pessoa nos desafia à argumentação, uma vez que, para defender a nossa ideia com respaldo, precisamos ultrapassar o *eu acho porque eu acho*. O francês Gilles Lipovetsky desenvolveu um embasado estudo sobre os nossos atuais modos de viver a Hipermodernidade em *A era do vazio: ensaios sobre o individualismo contemporâneo* (2016).

De todas as teses que perpassam uma apreensão potencialmente crítica da realidade, a que, hoje, mais me fica diz respeito ao que ele chama de "processo de aquisição informacional", estabelecendo um contraponto entre *quantidade* e *qualidade*.

O indivíduo que pretende priorizar o número de informações que pode absorver horizontaliza esse processo e não transforma uma reportagem em conhecimento, por exemplo. Limita-se a uma leitura superficial, sem considerar as inferências. Querer dar conta de tudo é embarcar num processo sufocante de aceleração do tempo — e isso vale para todos os aspectos da vida.

Já o sujeito que escolhe a qualidade informacional verticaliza a apreensão e, admitindo que não é capaz de compreender sobre tudo, opta por consolidar as áreas de conhecimento que determinou importantes para si.

Esse "sujeito do diálogo" reconhece que não necessita absorver tudo que o atravessa, como se estivesse em uma corrida para avaliar quem sabe mais, em constante disputa. Tem consciência de que elogiar uma outra pessoa e reconhecer que ela pode deter mais conhecimentos sobre tal assunto não é autoinferiorização, é *equilíbrio*.

Esse "sujeito do diálogo" adora ouvir histórias, compartilhar experiências e afetos. "*Sujeitos do diálogo*" andam por aí, sem fazer alarde, valorizando os momentos de silêncio e de escuta, tentando recuperar a harmonia da vivência em espaço público.

Você conhece algum?

No caminho contrário, aquele que interpreta a discordância como um confronto toma como norteadora a hipótese: *Quem pensa diferente de mim está errado, porque eu sempre estou / sou certo*. E, percorrendo esse segundo caminho, caímos em um dualismo perigoso, que nos faz traçar uma linha fixa para demarcar o território inimigo: *quem está do lado de lá deve ser eliminado*. Vamos transformando nossa vida em um grande tabuleiro de *War*.

O aspecto social da nossa vida que mais reflexões me suscita é, justamente, o aqui, o agora, o cotidiano. Desde que me deparei com a escrita de Agnes Heller — em *O cotidiano e a história* (2008) — consigo olhar para cada pessoa — inclusive, para mim — e perceber o quanto a rotina torna-se o principal entrave para efetivação de mudanças individuais e sociais.

A gente aceita o imperativo dos ponteiros acelerados como normalidade e, assim, consente, também, com a ideia de que não há tempo para percepções, para reflexões, para exercitar nossa empatia, para redirecionar as velas, para trocar a música.

Aceitamos que as mesmas técnicas utilizadas para desempenho laboral sejam introjetadas na nossa vida afetiva: desempenhamos no amor como máquinas, contabilizamos perdas e ganhos. Desnaturalizamos nosso sentir, nosso prazer, em nome de um falacioso manual de "Como se tornar infalível nos relacionamentos".

O belicismo cotidiano exibe nosso lado mais indolente, por isso, é necessário refletir sobre ele. Desviar nosso olhar do cotidiano é um dos primeiros passos em direção à alienação, pois vamos perdendo a capacidade de problematizar as estigmatizações que se disfarçam sob a máscara da piada, da vulgarização, da zombaria, vamos perdendo o olhar crítico em relação à linguagem, ao mal, que cresce tão próximo a nós, enquanto os olhos seguem fixos a encarar o próximo degrau.

Mergulhados na hiperindividualidade — *na invisibilidade do outro* — só olhamos para dentro de nós mesmos, tentando encontrar soluções para nossa insatisfação individual, que, aparentemente, tornariam a nossa vida mais leve. *E então o que a gente faz se não quiser entrar nessa apatia, absorve toda essa atmosfera de problemas a nossa volta?*

Não... é impossível dar conta de resolver de uma vez tudo o que a gente deseja. O problema está quando a gente usa essa *impossibilidade de resolução total* para justificar a inércia e volta àquela frase terrível: *não posso fazer tudo, então, não vou fazer nada.*

Lembro-me do texto de Georg Simmel — *A metrópole e a vida mental* — em que, ao observar a metrópole do final do século XIX e início do XX, ele a caracteriza como um espaço que suscita uma postura de reserva, uma vivência blasé, impessoal, indiferente. Isso seria consequência de um mecanismo natural de autoproteção, pois, se tentássemos dar conta de tudo o que uma cidade provoca, respondendo a todos os estímulos, nosso sistema nervoso, nossa subjetividade ficariam desgastados.

Acredito que esse processo seletivo de autoproteção seja realmente necessário para preservar a nossa saúde mental — imagina se não conseguíssemos alcançar a felicidade enquanto soubéssemos da existência de crimes e de injustiças pelo mundo?

Mas, na minha opinião, a problemática encontra-se em uma vivência que atribui uma dimensão hiperbólica a essa impessoalidade, chegando a mitigar e a inferiorizar a importância de situações que acontecem fora do nosso campo seletivo.

Enquanto isso, o totalitarismo chuta a porta, arromba a janela e arranca as páginas que exibem a verdade sobre o Brasil: não somos uma nação homogênea, muito menos cordial. Não sabemos conviver com as diferenças fora de uma relação de hierarquia, de exotismo, de padronização X marginalização.

O outro é sempre o oprimido, porque eu preciso ser o opressor. Uma visão limitada apenas conhece essas duas realidades. *Onde está a terceira margem do rio?* — me perguntaria

Guimarães Rosa. Talvez, intrometendo-se em um conto que nem é dele, Riobaldo nos respondesse: *Vivendo, se aprende; mas o que se aprende, mais, é só fazer outras maiores perguntas.*

Se não interrompermos esse curso, vamos continuar percorrendo nossos dias como se não houvesse mais de uma forma de *estar certo*, como se não existisse o *meio termo*, como se o convite ao diálogo e à discordância fossem uma declaração de guerra. *O objetivo do diálogo não é que duas pessoas cheguem a uma conclusão comum, mas que elas possam trocar opiniões, experiências, leituras, vivências.*

Quando observo algum diálogo ou quando participo de alguma conversa, percebo que o grito encontra lugar, justamente, em uma argumentação inócua. *Quem escolhe viver com olhos abertos e críticos, em constante troca com todo esse conteúdo a que temos acesso, analisando e interrogando as diversas formas de pensar o mundo, não precisa levantar a voz para preencher um espaço de discussão.*

Diante de alguém que domina o assunto sobre o qual dialoga, é possível perceber as ideias ocupando lugares vazios, seja em grandes debates ou em rápidas conversas em uma cafeteria.

O conhecimento é soberano, o xingamento não. A eloquência é primorosa, o dedo na cara não. Um bom articulista preocupa-se mais em fundamentar sua argumentação, em encontrar uma possível comunhão entre as ideias díspares, do que em apontar as falhas do argumento alheio. Para quem não consegue sustentar refutações a uma fala, a palavra de ordem é *destruir*, *pois o superficial não consolida as vigas necessárias a sua própria construção*, logo, presenciar a edificação alheia pode lhe parecer perturbador.

Ainda precisamos aprimorar, e muito, a nossa capacidade de viver em tempos de *pós-verdade*, para que não promovamos radicalismos impostos por informações de base apelativa. A crescente falta de confiança nas instituições tradicionais de poder e de saber — Estado, Escola, Família e Mídia — abriu espaço para proliferação de mensagens que veiculam conteúdos falsos, responsáveis por desestabilizar o diálogo equilibrado, uma vez que atiçam a irracionalidade ao provocarem desespero e pânico.

Para além dos criadores de tais *notícias falsas*, gosto de lançar o olhar sobre o nosso comportamento como indivíduos que não se preocupam em atestar a veracidade da informação. Parece que estamos negando a nossa capacidade crítica, assumindo uma posição mecanizada de distribuição.

Mostramo-nos aptos a saber sobre tudo, superficialmente. Compartilhamos conteúdo de toda ordem — verdadeiros ou não. O leviano já nos satisfaz. O nosso conhecimento vai se construindo de maneira frágil, como uma fina camada de gelo, e, para evitar sua ruptura, quando somos incitados a uma discussão mais profunda, o objetivo passa a ser quebrar a camada do outro, em vez de tentar tornar a nossa mais sólida.

*A dificuldade em assumir a própria superficialidade é, também, terreno f*értil ao belicismo cotidiano. Um soldado marcha, apenas movimentando a boca, fingindo conhecer o hino. E isso é suficiente para ele — a espetacularização de um vão saber — desde que não seja convidado a cantar sozinho. Se assim ocorresse, a guerra estaria declarada. *O inimigo?* Todos que ousassem contestar sua capacidade. *O objetivo?* Ocultar as próprias fragilidades. O oponente jamais deve conhecer nossas vulnerabilidades — dizem os mais experientes guerrilheiros.

Muitos podem ser os pressupostos que nos ajudam a refletir sobre esse nosso belicismo de cada dia. Podemos partir, inclusive, do que eu nomeei *narcisismo às avessas*. A princípio, Narciso representa a idolatria suprema à própria imagem, pautada pela admiração ao rosto refletido, que corresponde, para ele, à maior possibilidade de concretização do belo.

A contemporaneidade me sugere uma reatualização desse mito, pois o que percebo são indivíduos tão insatisfeitos e desapaixonados pela própria imagem, pelo próprio reflexo, que se colocam em uma busca desenfreada e sem limites para tentar enquadrar-se em um estereótipo que lhes cause satisfação, paixão.

Não me restrinjo, aqui, a procedimentos estéticos relacionados à aparência física, ao reflexo exterior, mas, sobretudo, à concepção de insuficiência imagética e abstrata que o indivíduo tem sobre si mesmo dentro da dinâmica social. A *necessidade de encaixe* tornando-se tóxica, articulando-se à autoaceitação, embasada em expectativas alheias. *Estamos vivendo a nossa vida ou uma vida que inventaram para nós?*

Uma sociedade que cada vez mais absorve o discurso da extrema positividade dos manuais de autoajuda, que responsabiliza, unicamente, o próprio sujeito por todo seu insucesso — afinal, se tudo é possível, o fato de *não ter chegado onde queria, ou onde os outros queriam* simboliza um fracasso — está potencializando a formação de indivíduos que, ao não conseguirem atingir um desempenho social que lhes garanta o requerido *status* de aprovação entre os pares, embarcam em um processo contínuo de autorreprovação, de autocobrança.

Esse processo é capaz de provocar a repulsa em relação a si e, ao mesmo tempo, a intensificação da ideia de que precisamos estar em constante corrida para dar conta dessa hiper imagem de sucesso, para exibi-la a nós e aos outros, para podermos nos auto-apaixonarmos, assim como Narciso o fez.

É como se eu só pudesse me apaixonar por mim à medida que consigo arrancar suspiros do outro, e aí cabe aquela frase bem atual: *Você é o que você posta*. Essa é a sociedade ilustrada por Banksy em seus grafites.

Sonho, desejo, propósito e delírio se confundem num jogo sem limites. *O que você quer da vida?* — Grita uma voz: Responda, responda rápido, agora, já. Livre-se de tudo que possa te desviar do seu objetivo. Ócio, alegria, subjetividade? *Nem pensar. Pura vagabundagem.*

Nesse percurso, a liberdade, que deveria ser desfrutada com leveza, transforma-se em um fardo. *Internalizar a ideia de que você só tem uma chance de ser feliz é assustador*. Por isso, muitos têm optado pela falsa segurança reconfortante da terceirização de responsabilidades. Alguém decide por mim, alguém se responsabiliza, alguém me protege...

Reverberações sociais disso? Perda da autonomia, redução do processo de emancipação, perpetuação de laços prejudiciais, ansiedade, comprometimento da nossa capacidade afetiva e comunicativa... e tudo que vem junto. *A saída disso?* Autoconhecimento, maturidade e literatura.

Para o sul coreano Byung-Chul Han, em *A sociedade do cansaço* (2016), a definição de sucesso do homem contemporâneo está intrinsecamente associada a sua correspondência laboral, e, concomitantemente, ao poder aquisitivo que esse trabalho o propicia.

Entramos, assim, na sociedade do desempenho, do cansaço, em que o indivíduo é medido e valorizado por sua capacidade de viver intensamente o trabalho, sem deixar qualquer espaço ao ócio, ao lazer.

Estar conectado integralmente é interpretado como uma obrigação, como uma qualidade. E, se você se recusa a seguir nesse fluxo, ainda haverá aqueles que o julgarão como *vagabundo, desocupado.*

É preciso estar atento *e forte para encontrar outras esquinas e desviar dessa voz que tenta naturalizar a ideia de que devemos viver para trabalhar.* Não há saúde emocional que resista a essa conexão insolúvel: trabalho-(sobre)vida-trabalho.

Essa auto-opressão em cadeia — a sociedade o oprime e, em vez de recusar essa coação, o sujeito a absorve e a intensifica sobre si — joga o indivíduo em uma sensação de vulnerabilidade extrema, pois ele acaba por se projetar como alguém inferior e acuado. A resposta à opressão sofrida é o ataque irracional a todos que, supostamente, coloquem-se como potenciais inimigos capazes de intensificar, na contemporaneidade, essa atmosfera de insegurança.

O impressionante é que quase tudo ao nosso redor é encarado como fator possível a despertar uma certa intranquilidade. Se, há algum tempo, *sair à noite* exigia certa cautela, hoje, a ida ao trabalho às 07:00h da manhã já representa perigo.

Temíamos as consequências de chuvas torrenciais e, atualmente, qualquer céu escuro parece anunciar o fim dos tempos. *Vivemos sempre a um ponto de extravasar todo esse medo reprimido.* Nosso copo anda cheio e uma gota apenas é capaz de fazê-lo transbordar. Como canta Chico Buarque: *Qualquer desatenção, faça* não... *pode ser a gota d'água.*

O inimigo pode estar em qualquer lugar, pode ser qualquer um, todas as pessoas são falsas e interesseiras. Seus amigos, na verdade, são grandes invejosos, o mundo irá nos castigar pelas ações desviantes da humanidade, não há o que fazer, chegamos ao fundo do poço... *Esse negativismo, associado à nossa dificuldade de viver a imprevisibilidade, intensifica ainda mais a ideia de que precisamos estar em contínuo controle, atentos à competição, em direção ao pódio.*

A gente tende a achar que a felicidade tem a ver com a conquista de uma meta específica na vida, um emprego, um concurso, um relacionamento... e, daí, traçada a linha da felicidade, tudo que antecede a esse momento ganha aspecto de sofrimento, de tristeza, de cansaço.

Deixamos de validar o percurso, a trajetória, e absorvemos o discurso de que o caminho para uma conquista precisa ser sofrido. A sociedade não aceita que você sorria se ainda está no meio da estrada. A confusão está justamente aí: o meio do caminho não é uma parte, é a vida em si; e dedicação não é amargura. A menos que você esteja caminhando para atender a expectativas alheias. *Sentir-se realizado não depende de ter dado o "ok" em todas as suas metas de vida.*

A felicidade é processo. É ver a vida acontecer. É sentir-se apaixonado por ser quem você é, independentemente de quantos *likes ou comentários* você receber. É perceber que a melodia que toca durante todo o filme, baixinho, tem tanta importância quanto a música do clímax. O problema é que a gente tem desaprendido a apreciar o que acontece devagar e a desvalorizar o que parece sempre disponível.

O tecnicismo e a burocracia invadiram o campo da *subjetividade*, como se os relacionamentos fossem feitos de *causa e consequência*. Ser feliz porque a vida segue preenchida de afetos virou coisa de gente ingênua e fraca. Há tempo certo até para dizer *eu te amo*, para *responder mensagem*, para *ligar de volta*. Papelada a preencher. O afeto — na pureza da análise de Baruch Spinoza — o que te afeta, o que desperta sua *potência de agir* — tem sido dispensável num cotidiano que se pretende bélico e administrado.

A espontaneidade não encontra lugar em um diálogo programado, racionalizado, porque alguém *precisa* sair vitorioso. *A gente desaprendeu a responder com o coração?*

A noção de que as pessoas nos afetam e de que são afetadas por nossas ações e palavras convida ao cuidado, à reflexão. Muitos não estão dispostos a isso.

Nessa vida que acontece aqui, bem pertinho, a gente precisa de menos horas marcadas e de mais canções, paixões e palavras. A gente precisa chegar de repente — *nos canta Frejat* — como fogo, como água, sendo o último, o primeiro, de qualquer maneira, desde que o encontro dure o tempo que mereça. O importante, nisso tudo, é não sentir o que não sente.

Na tentativa de sobreviver a esses tempos bélicos, a metáfora da vida como um jardim me tem sido fundamental.

Seja com Bauman, me alertando que a figura do jardineiro se opõe à do caçador, porque, enquanto esse tem como objetivo eliminar o inimigo, aquele se preocupa com o bem-estar coletivo e promove ações que visam à prosperidade. Seja com o padre Fábio de Melo, me ajudando a valorizar o *tempo de espera*, me fazendo respirar fundo a cada momento em que penso em como *fazer as coisas acontecerem mais rápido.*

Ambos me ajudam a encarar a vida com a simplicidade das flores, com a persistência do trabalho. Eles também me dizem que nós somos o jardim e o jardineiro, por isso, é sempre importante olhar para dentro, perceber porque algumas flores crescem e outras não, e regar, com muito carinho, o nosso próprio coração...

A nossa travessia por aqui é em corda bamba, me despertou Clarice numa tarde cinza em que eu apenas começava a leitura de *Cartas perto do coração*. A gente caminha sobre um fino traço, tentando equilibrar nosso corpo e tudo que nele pulsa por dentro. Vamos pendendo para um lado, para o outro...

Concentrar-se na própria respiração também ajuda nesse processo. O desafio maior — segundo Clarice — é tentar seguir esse trajeto com a cabeça erguida, com um sorriso de certa indiferença, mesmo sabendo que não há rede de segurança em todos os pontos. Porque é assim que a plateia espera que seja o espetáculo.

A mesma plateia que caminha na sua própria corda.

Ao final do parágrafo, Clarice me faz pensar se já não é hora de conectar nossas cordas, de dar as mãos em busca de equilíbrio, *de ter grandeza e um pouco de coragem, de iluminar — em conjunto — nossas minicertezas e não nos reduzirmos a insetos em volta da lâmpada. Para estar no mundo e não perder a viagem, nesse incêndio sob a chuva rala, é preciso estabelecer afetos. Vamos, Cazuza, vamos mudar quando for lua cheia e cantar o blues da piedade...*

Como alguém que entende a esperança como uma escolha, como um hábito prático, como ação, não me basta apenas constatar esse quadro bélico em nosso dia a dia, é preciso pensar em uma saída. Para mim, a porta mais eficaz é a *literatura*.

Quando pensamos a literatura em seu papel humanizador, e não didático, é premissa a concepção de Antonio Candido, em Literatura e Direitos Humanos (2004), de que a literatura confirma traços essenciais ao homem.

Aproxima-se desse conceito a voz de Martha Nussbaum em *Justiça poética* (2014), para quem o cultivo da imaginação empática alarga a compreensão do outro, necessária à construção de uma sociedade mais justa, tanto do ponto de vista social como jurídico. Para a autora, a literatura assume papel central no projeto de reforma social e de alternativa viável para racionalidade pública, enquanto meio privilegiado de fazer ativa a imaginação e de reacender a humanidade, perdida em utilitarismos.

Essa, atualmente, é a minha crença mais profunda, mais verdadeira: *a literatura, como experiência humanizadora, é a nossa bandeira branca diante da barbárie de todos os dias.*

O RESGATE: DESARMAMENTO DA NOSSA PERSONALIDADE – LITERATURA, DIÁLOGO & AFETOS

5

A literatura como experiência humanizadora

A premissa de que a atividade de leitura pode atuar como modificadora de um quadro social parte do pressuposto de interpretá-la como um movimento contínuo de interrogação entre o leitor, o livro e o mundo, em contrapartida a perspectivas que priorizem o aspecto funcional ou imediatista dessa prática.

Se ler é interpretar, criar sentidos, garantir coerência ao que é absorvido, pode-se entender que, nessa troca, entre mundo e leitor, o agente da leitura coloca-se como sujeito pensante, lugar inerente ao despertar da formação da consciência crítica. Para tal, o ato de leitura precisa ultrapassar o mundo do texto e mobilizar o universo de conhecimento do leitor para que ganhe sentido em sua própria vida.

A busca de sentido, seja para interpretar um livro, seja para tentar compreender a própria rotina, a própria história, não pode prescindir de tempo. *O imediatismo é a contrapartida da reflexão* — até consigo imaginar Zygmunt Bauman em uma sala de aula, dizendo isso a seus alunos — com uma simplicidade latente —, recostado em uma cadeira.

A pressa nos torna frágeis, ansiosos, amantes do fim, do desfecho, e afastados do processo. Lançamos o olhar para última página e deixamos de pensar sobre o que se inscreve na palavra que está ao alcance.

A Leitura, como atividade abstrata, não cria, por si só, soluções para problemas sociais, políticos ou ambientais, mas possibilita ao sujeito a participação em diferentes contextos que convocam a interação com o outro, o discernimento para perceber o conteúdo veiculado, a mensagem, os possíveis interlocutores, as ideologias e intertextualidades, as associações de ideias, a compreensão de situações postas, observando, consequentemente, o papel social desempenhado por cada unidade de interpretação.

A partir do movimento concomitante de leitura de ficção, de compartilhamento oral e escrito entende-se o papel fundamental do imaginário e da memória na constituição da subjetividade, da recepção e do jogo interpretativo, que alcança, inclusive, a formação de uma ética de leitura.

Nesse ínterim entre a mobilização do mundo real, palpável, e as possibilidades que a imaginação oferece, o linguista Wolfgang Iser desenha sua teoria de que a todo homem é possível muito mais do que sua realidade parece ofertar. Em *O fictício e o imaginário* (1999), Iser segue os rumos de uma antropologia literária para investigar o engajamento dos leitores diante de um texto de ficção, quando estabelecem um pacto com um texto abertamente caracterizado pelo fingimento, pela ilusão.

Para tal, vai traçando um jogo interrelacional entre as categorias do fictício e do imaginário, mostrando como uma interfere diretamente na outra. Suas colocações procuram responder a uma questão que figura na própria antropologia, bem como em outras ciências humanas: *de que maneira a literatura pode modificar a vida de alguém?*

No ato de leitura, seu interesse debruça-se, especialmente, sobre a figura do leitor, sobre o que, de fato, acontece quando um sujeito coloca-se diante do texto. Iser observa que processar um texto estimula a manifestação de disposições fundamentais do ser humano, como a garantia de uma continuidade coerente ao que é lido, enquanto pré-requisito para compreensão e entendimento. O leitor, como alguém enredado no texto, acaba sendo capaz de notar a si mesmo em meio a projeções ficcionais estimuladas pela literatura.

Mesmo que de maneira espontânea, o contato com essas projeções é uma forma de autoconhecimento, pois respondem, muitas vezes, àquelas perguntas que nos desconcertam: *O que você quer da vida? Como você gostaria de estar agora?* — *O que você quer saber de verdade?* — nos diria Marisa Monte. Seguindo o embalo dessa canção primorosa, *para nos buscarmos, é necessário ouvir o barulhinho que o tempo faz, o movimento que traz paz...*

A metáfora da literatura como um palco, como encenação e jogo entre dois mundos (real X virtual), motivada pela interação fictício-imaginário, é fundamental para compreender como os *atos de fingir*, próprios ao literário, contribuem para despertar no leitor um horizonte de novas potencialidades.

Diante da abertura de um novo mundo, a realidade não é mais concebida como limitação do possível, as possibilidades não são mais deduzidas exclusivamente do que são no presente. O presente é alterável, é mutável, é impermanente... — *acredite, essa apreensão é revolucionária.* Campo de visão estendido, vida aberta, *vida em devir* — nos coloca Gilles Deleuze. Vida que se faz enquanto é feita. E lá vem Riobaldo de novo, sussurrando... *O real não está no início nem no fim, ele se mostra pra gente é no meio da travessia.*

A realidade em questão não precisa permanecer a mesma, imóvel, pois há variadas maneiras de observá-la. O leitor é convocado a uma situação de duplicação, em que a obra literária incorpora o mundo real e o ultrapassa, projetando ainda um outro novo universo. Nesse caminho, Wolfgang Iser observa que o leitor passa por três momentos quando aceita a *mentira* do texto ficcional: o ato de seleção, de combinação e de autodesnudamento.

Os atos de seleção e combinação são os momentos iniciais, quando o leitor cria um espaço de jogo, pois mistura seus próprios campos de referências extratextuais a novos elementos dados pelo texto, transgredindo-os e incorporando-os, dispostos em uma desordem significativa.

Com o livro aberto, dois mundos se chocam, cada um dos elementos selecionados é reposicionado no texto, assumindo uma nova ordem de referência. Seleção e combinação invadem, também, outros textos, produzindo a intertextualidade, em uma coexistência de diferentes discursos, que ganham novas associações. Tanto o contexto de origem quanto o novo contexto são modificados. Quando o leitor, conscientemente, adentra a ficção, é desse universo que lança um olhar para seu mundo real e o observa, agora, de um novo ângulo, permitindo-se novas perspectivas.

Quando leio *Quarto de despejo*, meu universo se choca com o de Carolina Maria de Jesus, bate de frente, impacto denso. Nunca mais fui a mesma depois de me encontrar com o cotidiano contraditório, brutal, incerto, deteriorado da favela do Canindé, por meio do olhar de uma catadora de papel, que tinha a simplicidade de construir uma linguagem poética com tão poucas palavras.

A fome é amarela, me disse Carolina de Jesus, depois de dias sem se alimentar. Essa imagem me veio tão forte que, quando me deparo diante de alguém em uma situação de extrema vulnerabilidade, de miséria, logo me vem o questionamento: *com que cores essa pessoa enxerga o mundo?* É justamente esse um dos ganhos da literatura: a gente fica oscilando entre os dois universos. Nesse vai e volta, nos tornamos mais críticos, mais emancipados, mais sujeitos de ação.

Nossos mundos combinados — o dela e o meu — Carolina de Jesus e Karine — catadora de papel, escritora; professora, escritora — atravessam qualquer designação taxativa. Temos muito em comum, mesmo em universos, em realidades concretas tão distantes. Consideramos a palavra nossa força expressiva mais potencial, nos encontramos entre as letras que vão, aos poucos, compondo-se no papel, criamos personagens a partir das pessoas com quem mais convivemos. Nunca trocamos sequer um olhar, Carolina e eu, mas, certamente, muitos diálogos foram estabelecidos entre nós.

O ato de autodesnudamento confronta o mundo do texto ao mundo real. O próprio mundo empírico se transforma em um espelho.

Novas possibilidades de olhar para o outro, tão diferente e tão próximo de mim, foi exatamente essa a movimentação que *Quarto de despejo* provocou no meu dia a dia. Paro, nesse momento, e me questiono: *quantas situações de descaso social, de abandono, de violência fingimos* não ver, deixamos escondidas em quartos de despejos? Ou, para fazer referência a Otto Lara Resende, *quantas vezes o monstro da indiferença não cobre nossos olhos e nos faz banalizar o olhar?*

As versões de mundo de um leitor podem ser reelaboradas, processadas, tornando-se material para outras versões do mundo em devir. A literatura encena essa atividade específica, que também ocorre na vida cotidiana, quando versões de mundo são produzidas.

Os seres humanos são a totalidade de suas possibilidades de versões de mundo.

Eu sou trezentos, sou trezentos e cinquenta, nos postulou Mário de Andrade. Ou, se você preferir uma analogia mais recente — mas nem tanto –, podemos tomar as palavras de Raul Seixas e nos afirmarmos como uma metamorfose ambulante. Papel que se desdobra, encontrando múltiplas possibilidades de ser. Amassado, desamassado, apagado, reescrito.

A encenação — a recusa a realidades fabricadas — pode ser considerada uma condição transcendental que permite perceber algo intangível. *É justamente nessa medida que a literatura pode atuar como modificadora de um quadro humano e social.*

Nesse sentido, *a Literatura oferece a oportunidade de formularmo-nos a nós mesmos, formulando o não dito*. O caminho da formação / conscientização do sujeito-Leitor começa com a percepção de seus próprios horizontes e abarca a incorporação do novo, mostrando-o que ele não é um sujeito pronto e definido, e que a Leitura deve ser apreendida na relação dialética entre texto, Leitor e sua interação.

O texto é considerado como reformulação de uma realidade já existente, como âncora para as atividades imaginativas e perceptivas do Leitor.

Saber falar o que se quer dizer, de forma que os outros entendam, é um exercício importante de expressividade e de autodomínio do discurso. Diante das elipses e omissões próprias da fala, o interlocutor deve se fazer presente de maneira coerente.

Na mesma medida, deve saber que, quando se coloca como ouvinte, seu papel é escutar, concentrando a atenção na palavra do outro, à espera de seu momento de réplica, dominando qualquer impulso de interrupção que o impeça de reorganizar o que é ouvido. Essa troca contínua de posição entre emissor-receptor estimula o convívio e a cooperação, a alternância e o respeito no aprendizado *imperceptível* da vida e do mundo.

Se o discurso do outro provoca o que poderia ser, de maneira semelhante, convoca também o que foi. No movimento de ampliação da capacidade discursiva, a memória atua como seleção involuntária dos acontecimentos, sensações, sentimentos, percepções, que constituem o leitor como um ser de histórias.

No diálogo entre o que é minha história e o que é a história do outro, seja para observar divergências ou semelhanças, há o processo de descoberta e de afirmação da identidade do *eu*, ao situar-se em relação aos seus pares. Ler e ouvir provocam memórias e, nessa medida, o exercício de pensar e de se encontrar entre vivências do passado, presente e futuro.

É pensando na própria história que ela é reescrita. A memória configura uma atuação contínua na formação da própria subjetividade, pois, pouco a pouco, o ser vai se constituindo de suas vivências, seja para repetir ou para negar o que viveu. Desse repertório de experiências, partem as possibilidades de sentido que um leitor pode conferir a um texto.

Ouvir, ler, pensar, dialogar são práticas que evocam memórias e ajudam a repensar a própria história, permitindo redefinir uma autoimagem, a qualquer tempo. Inserir-se na história do outro, em diferentes contextos faz parte de um processo de autoconstituição, uma vez que a subjetividade também é atividade de interação. A consciência sobre si mesmo não é construída de forma unilateral, precisa do contato com o entorno partilhado.

O mesmo olhar que se dirige ao outro volta a si para estabelecer comparações (Yunes, 2009: 32):

> Não há ato de leitura e de conhecimento que não se dê na interação leitor/texto, pessoa/mundo. As interações produzem uma zona movente de sentidos, que se constitui dos contextos múltiplos em que se inserem, segundo focos e perspectivas.

A constituição do *eu* acontece em um intercruzamento de vozes, de visões do mundo. Tanto se considerando o que se escolhe partilhar com o outro, como o que opta por negar e não absorver para seu próprio universo.

Ler o mundo é tomar consciência de si mesmo e do outro, do diálogo, marcando uma existência social única. A leitura ultrapassa o conhecimento sobre a escrita gráfica do outro, alcança a inscrição do *eu* no mundo como signo, em uma elaboração contínua e interpretativa, que requer pensar fora do automatismo e do óbvio.

A dimensão ética e social da leitura está justamente na alteridade que implica. O leitor, constituído de suas memórias e intersubjetividades, apropria-se de um novo mundo, que será ressignificado de acordo com suas premissas. Mais do que a interpretação de um texto, a leitura propicia uma interpretação de si.

Ao descobrir formas de participação para garantir sentido ao mundo, o sujeito coloca-se em uma posição ativa, resvalando a condição de intérprete passivo e repetidor de discursos esvaziados de coerência. Para tal, é necessário que o texto lhe provoque uma recepção afetiva, e que o próprio leitor se permita ser afetado pelo novo.

Nesse diálogo em que leitura afetiva e leitura efetiva se complementam, é possível que a interpretação textual não se submeta à adivinhação do que o autor "quis dizer", levando a leitura à possibilidade de ampliação de perspectivas e de reinvenção do mundo, a partir da condição pessoal.

Atravessar o significado literal das frases, interrogá-las, colocá-las em instâncias duvidosas e observar suas relações, suas ambiguidades, é o caminho que o leitor precisa percorrer para absorver a vida em linguagem, para tomar posse do mundo. Quem está informado pode, com mais rapidez e clareza, fazer escolhas. Perceber a capacidade que a Leitura tem de fortalecer a cidadania pode ser o estopim de um ciclo de mudanças para que ela não seja vista apenas sob a via da escolarização.

A sensibilidade, intrínseca à literatura, estaria em conjunto com o desenvolvimento contínuo de uma educação / visão reflexiva, crítica e múltipla, em contrapartida a um olhar unilateral. A literatura, enquanto objeto artístico e estético, torna-se fator indispensável para humanização que, de acordo com Antonio Candido (2004), é o processo que confirma no homem traços essenciais, como a capacidade de reflexão, a aquisição de conhecimento, a percepção das emoções, o convívio e o respeito com o próximo, a capacidade de se envolver nos problemas cotidianos, a consciência da complexidade do mundo, o cultivo do humor.

A literatura leva o leitor à organização discursiva do mundo, por meio de busca de coerência do que é comunicado, e à vivência de diferentes realidades e situações. Como manifestação social, também revela crenças, sentimentos positivos e negativos, e normas de uma dada sociedade.

Candido a observa como importante mecanismo intelectual e afetivo de instrução. Ao tornarmo-nos mais abertos e compreensíveis à sociedade, à natureza e ao semelhante, estaríamos em caminho de uma emancipação da humanidade. A literatura está relacionada aos direitos humanos sob aspectos diferentes. Primeiramente, verifica-se sua correspondência a uma necessidade universal que, se não satisfeita, mutila a personalidade, a humanidade.

Em um segundo momento, a literatura mostra-se em seu potencial consciente de desmascaramento, pois revela as situações de restrição dos direitos, ou de negação a eles, como a miséria, a servidão.

Grande parte das pessoas não têm acesso à literatura erudita, pois, a elas, caberia, supostamente, apenas à literatura de massa, que é válida, mas não pode ser a única por imposição.

Candido aponta que a difusão da literatura erudita, como um bem, precisa deixar de ser privilégio de pequenos grupos, sua distribuição deve ser organizada para circular sem barreiras.

A desigualdade social e econômica também coloca-se para o problema da intercomunicação dos níveis culturais. Candido acredita que as sociedades não deveriam manter a desigualdade como norma e, sim, investir em movimentos ou em medidas para diminuir o abismo entre os níveis.

Promover uma sociedade justa, humanizada e emancipada é quebrar as barreiras entre os níveis culturais, oferecendo a fruição da arte e da literatura a todas as camadas sociais. Nesse âmbito, a literatura deve ser entendida como direito fundamental, assim como a alimentação, a moradia, o emprego, disponível a ser alcançada por todos, comportando, na base dessa reflexão, o esforço para incluir o semelhante no mesmo elenco de bens que reivindicamos.

Nesse momento, transcendo as possibilidades reais e imagino um diálogo entre Antonio Candido e Friedrich Hegel, no qual este postularia: *a dominação passa pelo esforço constante para aniquilar a consciência do escravo.*

A literatura tem o poder de provocar a sensação de descontinuidade e de incompletude, trazendo indagações. A arte, de modo geral, não impõe certezas e respostas, pois ela mesma é manifestação da incerteza humana. É justamente *alimentando a insatisfação diante da desigualdade que o ser humano pode evoluir e se sentir constantemente motivado à mudança, desinclinado ao totalitarismo, à tirania e à barbárie.*

Me diz como esse livro muda a minha vida lá fora?. Essa é a pergunta da personagem Eva à professora Erin Gruwell, no livro de relatos *Freedom Writers* (2006).

Tomada por uma atmosfera de brutalidade e de violência cotidiana na escola, na periferia de *Long Beach* (Califórnia), em que o sentimento de raiva da civilização e de recusa à repressão cresce na mesma proporção de iniciativas que tentam controlar os estudantes, a pergunta da aluna clama por uma resposta que lhe mostre uma possibilidade fora de seu contexto de barbárie, uma saída para uma vida que parece não ter mais solução, não ter mais outros caminhos disponíveis, senão continuar na conturbada estrada das gangues.

A professora Erin Gruwell percebe que suas aulas de literatura e de língua inglesa não poderiam se restringir a decorar datas e nomes de poetas famosos, ou a analisar ritmicamente os poemas mais relevantes da história.

A sua tarefa, na sala de aula 203, seria despertar em seus alunos do programa de integração voluntária a insatisfação com a própria realidade, e tornar esse sentimento o motor que poderia deslocá-los ao encontro de suas potencialidades imprevistas, de outras perspectivas de mundo.

Afirmando que seus alunos mereciam ler muito mais do que as revistas despedaçadas que lhes eram oferecidas pela biblioteca da escola, Erin comprou, com seu próprio dinheiro, edições novas do livro *O diário de Anne Frank*.

Como proposta a ser desenvolvida em todo ano letivo, Erin convida seus alunos a escrevem diários, que poderiam trazer quaisquer informações, notas do cotidiano, pensamentos sobre a vida, confissões sobre relacionamentos. Tudo caberia ali, pois o propósito dos escritos não era serem avaliados. Os diários ficariam guardados no armário, sendo somente a ela permitida a leitura.

Quando a professora oferece essa ideia aos alunos, muito mais do que saber detalhes de suas vidas, ela os conscientiza de que eles têm uma voz, de que eles também têm o direito de falar de si mesmos, de se colocarem, de conhecerem suas próprias histórias e, com isso, de modificá-las. Percebe-se, na nova rotina dos alunos, um processo de emancipação individual e coletiva.

Escritores da Liberdade fala da realidade da escola de *Woodrow Wilson*, em 1994, mas este cenário pode ser facilmente associado a outros contextos em que a sala de aula poderia mostrar-se tão mais frutífera caso fosse vista como espaço de emancipação.

Vislumbrar a educação emancipadora para evitar a barbárie sem mexer na ordem social que a produz e reproduz leva, fatalmente, ao fracasso. Reformas puramente culturais ou intelectuais estão impossibilitadas se não forem acompanhadas por mudanças nas relações sociais concretas.

Martha Nussbaum, professora de Direito e Ética na Universidade de Chicago, acentua questões importantes para essa perspectiva em *Sem fins lucrativos*: *por que a democracia precisa das humanidades* (2015).

A autora aborda a crise do ensino humanista que, vista em escala mundial, parece prejudicial para o futuro da democracia e das novas gerações. A corrida cega ao lucro no mercado mundial estaria dissolvendo a capacidade de pensar criticamente, de transcender os localismos e de enfrentar os problemas mundiais como *cidadãos do mundo*.

Na base do seu quadro teórico-conceitual, podem-se evidenciar os seguintes pilares: a valorização inteligente de algumas emoções — especialmente as relacionadas à vulnerabilidade humana: dor, desgosto e vergonha, cuidado e compaixão —, que configuram uma natureza humana universal — não metafísica —, não neutra ou fechada etnocentricamente, mas respeitosa do multipluralismo cultural; uma ideia de bem humano, de natureza não compreensiva porque parte de avaliações diferentes sobre a qualidade de uma vida digna de ser vivida; uma lista aberta de *capacidades fundamentais* que contribuam à fundamentação daqueles princípios constitucionais, que servem para garantir, politicamente, a dignidade de cada ser humano: vida, saúde, integridade corpórea, uso dos sentidos, pensamento e razão prática, liberdade política, participação e educação.

Martha Nussbaum explora o nexo *formação-cidadania*, que deveria constituir o eixo das democracias modernas no contexto da economia mundial, porque uma economia dividida pela ética e pela política poderia produzir mais prejuízos do que os que produz atualmente, alienando os indivíduos das próprias vocações mais elevadas para submetê-los às leis puras e simples do mercado e da tecnologia.

Não se trata de defender a superioridade de um tipo de formação sobre a outra: *Nussbaum defende a irrenunciável flexibilidade mental que deriva do estudo humanista, também para quem trabalha em âmbito técnico-econômico.*

Em uma análise dos sistemas de ensino, Nussbaum mostra que vários países estão abandonando, gradualmente, o ensino das artes e das disciplinas humanas em favor das disciplinas técnicas e científicas, reputadas mais idôneas para perseguir os objetivos impostos pelas políticas de desenvolvimento econômico e pelo mercado.

De fato, os defensores do crescimento econômico ilimitado não somente consideram as artes e os estudos humanistas inúteis e caros, mas os consideram, até mesmo, prejudiciais, visto que, dotando os cidadãos de uma consciência crítica, constituem uma ameaça ao progresso cego que ignora as desigualdades reais e as discriminações.

6

Sobre Liberdade, Justiça e Qualidade de vida

Qualquer pensamento que vise à mudança precisa estimular no indivíduo a possibilidade de olhar para sua realidade de modo ativo, com total potencial de mobilidade sobre ela, seja para alargá-la, contorcê-la ou eliminá-la em busca de novos horizontes.

Nessa linha, o economista e filósofo indiano Amartya Sen e a professora Martha Nussbaum discorrem sobre os conceitos de justiça e de equilíbrio sociais, preocupados em falar sobre a ampliação das capacidades do indivíduo pelo conhecimento de outras realidades, que pode ter como ferramenta, justamente, a Literatura.

Vamos, então, nesse capítulo, pensar sobre as mudanças sociais que deveriam acompanhar o processo de ressignificação do que, atualmente, compreendemos por: educação, bens culturais e afins.

Amartya Sen e Martha Nussbaum ressaltam que *uma proposta de ética de igualdade entre os cidadãos* permite afirmar que *a boa ação pública não somente distribui bens a recipientes passivos, mas também amplia as possibilidades de preferências das pessoas e promove suas competências, incluindo, prioritariamente, a capacidade de desenvolver sua liberdade de escolhas.*

A discussão promovida por Amartya Sen nas obras *A ideia de Justiça* (2011) e *Desenvolvimento como liberdade* (2000) centraliza-se a respeito do conceito e dos papéis da liberdade, inserindo-a em uma discussão sobre o que seria, para ele, a efetivação de uma justiça social. Sen identifica duas principais linhas de argumentação racional sobre a justiça: a abordagem do institucionalismo transcendental e a abordagem da comparação focalizada em realizações.

Sen reconhece que a maioria das teorias da justiça modernas e contemporâneas filia-se à abordagem institucional transcendental, mas esclarece que a sua teoria da justiça, por outro lado, filia-se à abordagem da comparação focalizada em realizações, tendo como objetivo investigar comparações sobre o avanço ou o retrocesso da justiça. Desse modo (Ester, 2012: 23):

> enquanto uma teoria da justiça de abordagem institucional transcendental busca respostas para a pergunta "o que seriam instituições perfeitamente justas?", a abordagem da comparação focada em realizações tenta responder à pergunta "como a justiça pode ser promovida?". A diferença principal entre as abordagens, segundo Sen, é que em vez de focar apenas em instituições e regras, o modelo por

ele escolhido concentra-se também nas realizações que ocorrem nas sociedades envolvidas. Na tentativa de responder à pergunta "como a justiça pode ser promovida?", Sen defende uma concepção de liberdade ampla, na qual a liberdade consiste em gozar de oportunidade de decidir algo.

Tal concepção de liberdade pode ser compreendida dentro do que Amartya Sen denominou *Perspectiva das Capacidades*, que consiste em uma estrutura para a avaliação do bem-estar individual e da liberdade para que o bem-estar seja buscado.

Essa abordagem proporciona uma base teórica para a análise das desigualdades, da pobreza e das políticas públicas a partir de dois conceitos centrais: *funcionamentos* e *capacidades*.

Funcionamentos são definidos por Sen como aquilo que uma pessoa considera valioso fazer ou ter, podendo ser elementar para sobrevivência (como, por exemplo, estar devidamente nutrido, ter boa saúde, conseguir evitar a morte prematura) ou complexo, não fundamental para sobrevivência (ser feliz, ter autorrespeito, tomar parte nas decisões políticas da comunidade). Funcionamentos são considerados constitutivos para o bem-estar individual.

Capacidades, por sua vez, consistem em combinações alternativas de funcionamentos, configurando propriamente uma espécie de liberdade das pessoas para opinar ou para preferir entre modos de vida possíveis. Se funcionamentos são constitutivos do bem-estar dos indivíduos, capacidades podem ser entendidas como a liberdade dos indivíduos para alcançar o bem-estar (Sen, 2011: 95):

> Andar de bicicleta, por exemplo, pode ser uma espécie de funcionamento. Um executivo que vai de bicicleta ao trabalho por consciência ecológica ou por lazer e um operário que vai ao trabalho de bicicleta porque não há um sistema de transporte público disponível ou porque este é ineficiente estão compartilhando o mesmo funcionamento, mas ambos possuem razões e contextos bastante distintos. O executivo que vai ao trabalho de bicicleta poderia ter feito outras escolhas para se locomover (como utilizar seu carro ou tomar um taxi), já o operário possui um leque mais restrito de opções (funcionamentos).

Na esteira desse raciocínio, podem também ser pensadas questões sociais relevantes: é diferente quando um adolescente tem um desempenho ruim na escola por preguiça de rever os conteúdos em casa, preferindo brincar, ver televisão, jogar videogame, ficar nas redes sociais, e quando um adolescente tem um desempenho ruim na escola porque não lhe foram oferecidos materiais de estudo pela própria instituição ou quando seu contexto familiar o obriga a trabalhar desde cedo, sem dedicar tempo às atividades escolares.

Segundo Sen, a perspectiva das capacidades permite avaliar tanto os funcionamentos realizados — o que uma pessoa realmente fez — quanto o conjunto de capacidades — suas oportunidades reais, o que a pessoa é substancialmente livre para fazer.

A liberdade substantiva, pensada por Sen, vai além do conceito de liberdade como ausência de dominação. Sen afirma que a liberdade está relacionada à expansão das capacidades, à ampliação das possibilidades de escolha das pessoas para levarem a vida que valorizam.

Isso não implica, contudo, apenas ausência de interferência do Estado na vida privada dos indivíduos a fim de permitir a liberdade de iniciativa e de empresa, de consciência, de credo. Significa, também, que as liberdades políticas de participação nas decisões públicas devem ser proporcionadas, abarcando uma concepção positiva de liberdade.

Para Amartya Sen, trata-se de uma "relação de mão dupla", haja vista que as capacidades podem ser aumentadas pela política pública, mas, também, por outro lado, "a direção da política pública pode ser influenciada pelo uso efetivo das capacidades participativas do povo". (Sen, 2000: 32).

A visão de liberdade, para Sen, envolve processos que permitem a liberdade de ação e de decisão, por essa razão, ele manifesta uma preocupação central em analisar as oportunidades reais que as pessoas possuem, considerando suas circunstâncias pessoais e sociais. Desse modo (2000: 33):

> para avaliar as oportunidades reais, deve ser levada em consideração uma série de contingências que podem afetar a vida das pessoas, tais como heterogeneidades pessoais (idade, gênero, deficiências, saúde), diversidades no ambiente físico (condições ambientais, climáticas, inundações, secas), variações no clima social (saúde pública,

condições epidemiológicas, ausência ou presença de violência e criminalidade, ensino público), diferenças de perspectivas relacionais (padrões de comportamento de uma sociedade com padrões mais ou menos elevados de vestuário e consumo).

A liberdade seria, então, aquilo que o desenvolvimento deve promover. Nesse sentido, Sen entende que a liberdade desempenha dois papéis fundamentais no conceito de desenvolvimento, relacionados à avaliação e à eficácia. No que diz respeito à avaliação, Sen entende que o êxito de uma sociedade deve ser avaliado primordialmente segundo as liberdades substantivas que os membros dessa sociedade desfrutam.

As liberdades substantivas podem ser definidas como capacidades elementares, tais como "ter condições de evitar privações como a fome, a subnutrição, a morbidez e a morte prematura, saber ler e fazer cálculos aritméticos, ter participação política e liberdade de expressão." (Sen, 2000: 52).

Tais liberdades são importantes tanto porque aumentam a liberdade global das pessoas, quanto porque favorecem a oportunidade de se alcançar resultados considerados valiosos.

No que diz respeito à eficácia, Sen considera que a liberdade substantiva não é somente a base de avaliação de êxito ou fracasso, mas, também, um determinante principal da iniciativa individual e da eficácia social, uma vez que o aumento da liberdade melhora o potencial das pessoas para cuidar de si mesmas e para influenciar o mundo, o que é uma questão central para o desenvolvimento.

Nesse contexto, Sen interessa-se pela *condição de agente* do indivíduo, considerado como um membro do público e como participante de ações econômicas, sociais e políticas, interagindo no mercado e, até mesmo, envolvendo-se, direta ou indiretamente, em atividades individuais ou conjuntas na esfera política ou em outras esferas.

A condição de agente dos indivíduos, o desenvolvimento e a expansão das liberdades substantivas estão estreitamente relacionados, uma vez que a condição de agente pode ser incentivada e promovida pela ampliação das liberdades substantivas, que dependem do aumento de opções — funcionamentos — disponíveis para os indivíduos a respeito de uma determinada questão relevante.

Trata-se de aumentar a autonomia dos sujeitos de direito em questões relevantes para suas vidas.

A condição de agente, assim como a liberdade substantiva, pode ser fomentada a partir de um conjunto de liberdades, chamadas por Sen de liberdades instrumentais (2000: 55-57):

> a) liberdades políticas (trata-se dos direitos relacionados à participação política, desde direitos básicos como liberdade de expressão e de imprensa, de voto, até oportunidades de participação mais concreta nas decisões políticas que as afetam);
>
> b) facilidades econômicas (consiste na possibilidade das pessoas terem acesso a crédito e de poderem utilizar recursos econômicos para propósitos diversos, tais como consumo e produção);

c) oportunidades sociais (tais como acesso ao sistema educacional ou ao sistema de saúde, acesso ao trabalho);

d) garantias de transparência (garantias associadas à publicidade e à clareza nos negócios públicos, à possibilidade de que os cidadãos desempenhem um papel na prevenção da corrupção e na fiscalização dos investimentos públicos);

e) segurança protetora (uma rede de segurança social, com a adoção de medidas tais como seguro desemprego ou renda mínima, que impedem que as pessoas cheguem a uma condição de pobreza extrema).

A concepção de liberdade substantiva, proposta na obra de Amartya Sen, pensa sobre medidas que devem ser adotadas pelos governos a fim de ampliar as oportunidades reais para que as pessoas alcancem aquilo que valorizam, sem a inocência de que todos teriam um ponto de partida semelhante.

Desse modo, muitos direitos podem ser associados ao que Amartya Sen chama de liberdade instrumental: uma série de direitos e de oportunidades, que contribui ou para promover a capacidade geral de uma pessoa ou para complementar outros direitos e oportunidades.

A concepção de liberdade, em Amartya Sen, é vinculada à noção de desenvolvimento, justamente contrapondo-se a uma visão restrita de desenvolvimento atrelado ao crescimento meramente econômico, mostrando que uma sociedade apenas pode ser con-

siderada desenvolvida quando promove uma série de liberdades, as quais, por sua vez, demandam a concretização de uma gama de direitos, tais como ter acesso à alimentação, à saúde, à educação, a uma renda mínima, entre outros que garantam aos indivíduos a possibilidade de fazer escolhas.

Para Sen, os bens primários são somente meios para se alcançar a liberdade. O importante é tratar a liberdade como uma finalidade que os governos devem buscar. Essa reformulação só funcionará, entretanto, se também houver uma mudança mais profunda de perspectiva. Essa mudança diz respeito à expansão da lista de necessidades *básicas* do indivíduo, que deve ir muito além das necessidades *materiais, biológicas* ou *de subsistência*, e incorporar necessidades tais como as de autonomia, inteligência — comunicação simbólica — e sociabilidade.

Contudo, mostrar que todos os seres humanos têm algum tipo de *necessidade,* objetiva ou subjetiva, talvez seja mais difícil do que mostrar que eles devem ter possibilidades amplas de escolha. A dificuldade não é a de que essas necessidades superiores não possam ser satisfeitas, e, sim, mostrar que elas existem e deveriam existir em cada um e em todos os seres humanos.

O princípio da igualdade entre os seres, que circunda a teoria das capacitações de Amartya Sen, abre espaço para uma discussão proposta por Martha Nussbaum em *Justiça Poética* (2014) e em *Quality of life* (2006) — escrito em parceria com o próprio Sen — sobre as noções de justiça e de revisão dos direitos humanos, no que se refere à concretização dessas metas na vida de todo indivíduo.

De modo geral, Nussbaum percebe, na teoria das capacitações, um caminho para propor uma estrutura universal de elementos que forneça uma base sólida para avaliar o nível de qualidade de vida das pessoas.

Para tal, a autora busca: detectar situações específicas onde indivíduos sofrem pela baixa ou ausência de liberdade concedida; utilizar e ampliar a teoria das capacitações, originalmente elaborada por Amartya Sen, como forma de justificar teoricamente o foco onde se deve exigir igualdade; elaborar uma lista transcultural, universal dos funcionamentos humanos centrais; obter uma noção básica e objetiva de *qualidade de vida*; e abrir um espaço para a reivindicação de políticas públicas que satisfaçam tais exigências.

Não se trata de uma concepção de justiça construída a partir de um contrato imaginário, mas de uma perspectiva que possui um compromisso empírico bastante forte que amplia a compreensão acerca da natureza humana. Para Martha Nussbaum (2014), o cultivo da imaginação empática alarga a compreensão do outro, necessária à construção de uma sociedade mais justa, tanto do ponto de vista social como jurídico.

Para a autora, a literatura assume papel central no projeto de reforma social e de alternativa viável para racionalidade pública, enquanto meio privilegiado de fazer ativa a imaginação e de reacender a humanidade, perdida em utilitarismos, pois entende que a intuição poética de artistas e de escritores é a que melhor capta a essência das coisas, vendo, nas obras de arte e na literatura, uma construção valiosa para ensinar a olhar o mundo.

A imaginação literária passa a ser um ingrediente essencial na educação para a humanidade e para a justiça, pois recompõe, no sujeito, a coerência entre justiça e equilíbrio.

Nussbaum reforça a dimensão da racionalidade e da liberdade interior da pessoa humana, da autonomia, da imersão do ser racional no mundo para quem a felicidade é um bem frágil, que tem de ser negociado passo a passo com as condições favoráveis ou desfavoráveis da existência.

Essa negociação visa ao bem maior a que o ser humano pode aspirar, que é a felicidade, entendida no sentido de realização pessoal e florescimento da pessoa. O conceito de pessoa dá a medida do bem ético e da justiça social, servindo de fundamento, simultaneamente, ao comportamento moral do indivíduo e às práticas da governação dos políticos. Ressalta-se sua preocupação na criação das condições propícias ao cultivo dos valores da pessoa em todas as esferas do meio social.

Martha Nussbaum questiona modelos simplificadores do ser humano, que o esvaziam do seu universo interior e o destituem de toda a singularidade e princípio autônomo de escolha. Problematiza, além disso, a veracidade de uma construção tão simplificada e abstrata da realidade e sugere que, enquanto norma de racionalidade científica, o utilitarismo dá uma visão empobrecedora do mundo humano. A construção literária da realidade social e humana forneceria um ponto de apoio mais seguro para a ação política.

A imaginação literária favorece a identificação empática que leva ao respeito pela pessoa do outro e ao reconhecimento da humanidade do outro como um bem que deve ser cuidado, visto tratar-se de um ser que também sente e sonha.

Ao ajudar a posicionarmo-nos no lugar do outro a partir da identificação a que convidam as suas personagens, a literatura cumpre uma função ética fundamental. Pela estrutura da sua narrativa e pela sedução da sua linguagem, a literatura leva o leitor a sair de si para partilhar a vida de seres diferentes, alargando a sua compreensão sobre o que significa ser humano.

As obras literárias têm o poder de nos transportar para o universo criado pelo autor. Ao longo do tempo e do livro, passamos a nos identificar mais com as personagens e, a partir disso, surge a empatia. Somos, então, capazes de reconhecer emoções advindas desta empatia — se a personagem passa por sofrimento, injustiça ou qualquer situação desagradável ao nosso olhar, sentimos piedade.

Por outro lado, se algo de bom acontece, nos sentimos contentes pelos envolvidos. Há, perceptivelmente, uma relação empática entre o leitor e os personagens.

A partir dessa constatação, Martha Nussbaum defende que este leitor é atento aos detalhes da narração, capaz de se emocionar com os fatos ocorridos com as personagens, mas, mesmo assim, capaz de usar da razão na exata medida para um bom juízo de valor da situação como um todo. A emoção não o cega a ponto de não perceber com clareza os detalhes das situações.

A leitura de obras literárias permite ao leitor vivenciar emoções racionais por estar em uma posição privilegiada em face do enredo.

Na perspectiva da justiça compreendida por Nussbaum, o conceito de liberdade, trazido por Amartya Sen, permanece fundamental para seu percurso. Nussbaum promove essa noção como uma forma de abordar questões de justiça e de desenvolvimento humano, relacionando-as a práticas consideradas necessárias para que o indivíduo realize uma vida minimamente satisfatória.

A própria autora lista dez pontos / experiências que considera imprescindíveis a todo cidadão (Nussbaum, 2014: 67):

> **1. Vida:** Ser capaz de viver até o fim da vida humana de duração normal, sem morrer prematuramente;
>
> **2. Saúde corporal:** Ser capaz de ter boa saúde, incluindo a saúde reprodutiva; estar adequadamente nutrido; ser capaz de ter um abrigo adequado;
>
> **3. Integridade corporal:** Ser capaz de se mover livremente de um lugar para outro; de estar seguro de assaltos violentos, incluindo agressão sexual; ter oportunidades para a satisfação sexual e escolha para fins de reprodução;
>
> **4. Sentimento, imaginação e pensamento:** Ser capaz de usar os sentidos, de imaginar, pensar, e raciocinar — e para fazer essas coisas de forma humana, uma maneira informada e cultivada por uma educação adequada; ser capaz de usar a imaginação e pensamento em conexão com a experiência, e produzindo obras expressivas e eventos autênticos; ser capaz de utilizar a imaginação com garantias de liberdade de expressão com respeito ao discurso político e artístico e à liberdade de exercício religioso, sendo capaz de ter experiências agradáveis e evitar a dor não benéfica.

5. Emoções: Ser capaz de estabelecer vínculos com coisas e pessoas; ser capaz de amar aqueles que amam e cuidam de nós, sendo capaz de sofrer a sua ausência, para experimentar saudade, gratidão e raiva justificada, não tendo, portanto, um emocional marcado ou aprisionado pelo medo ou ansiedade.

6. Razão prática: Ser capaz de formar uma concepção do bem e se envolver em uma reflexão crítica sobre o planejamento da própria vida. (Isto implica a proteção da liberdade de consciência.)

7. Afiliação: Ser capaz de viver com e em relação aos outros, reconhecer e mostrar preocupação com os outros seres humanos e de se engajar nas várias formas de interação social, sendo capaz de imaginar a situação de outro e ter compaixão por essa situação, tendo a capacidade de exercício da justiça e a amizade; ser capaz de ser tratado como um ser digno de quem valor é igual à dos outros.

8. Outras espécies: Ser capaz de viver com preocupação em relação aos animais, plantas, e com o mundo da natureza.

9. Diversão: Ser capaz de rir, brincar e desfrutar de atividades recreativas.

10. Controle sobre o ambiente: (A) política: ser capaz de participar nas escolhas políticas que efetivamente governam a própria vida, tendo os direitos de participação política, liberdade de expressão e liberdade de associação; (B) material: ser capaz de manter a propriedade (tanto os imóveis como os móveis), tendo o direito de procurar emprego numa base de igualdade com os outros.

Essa lista, segundo a própria Nussbaum, no entanto, não pretende fechar uma definição do que seja uma concepção rígida de boa vida, em vez disso, ela é uma lista que apoia a ideia da liberdade, e a reconhece como sendo condição necessária para que uma variedade de concepções de boa vida possam emergir a partir dela.

Segundo Nussbaum, a lista é uma elaboração a partir de uma ideia intuitiva da dignidade humana e que deve ser compreendida como etapa necessária para que uma pessoa possa ter uma vida digna e próspera.

Para Nussbaum, a vida humana tem características que podem ser definidas como centrais. Com isso, a autora advoga uma forma de compreender a natureza humana em composição com aspectos empíricos, tais como a diversidade de práticas culturais, as vozes das mulheres e de outros grupos minoritários, oprimidos ao longo da história por razões diversas.

Nussbaum insiste que cada item no conjunto de funcionamentos básicos humanos deve ser compreendido como parte fundamental para o exercício digno de uma vida humana.

A lista de Martha Nussbaum se destaca para o debate sobre os direitos humanos, sobre sua dimensão moral, bem como sobre sua dimensão política. Trata-se de uma abordagem abrangente, no sentido de que ela não se limita a uma perspectiva de justiça, em termos políticos, ou se restringe ao contexto das sociedades democráticas liberais.

Ao invés disso, a perspectiva de Nussbaum amplia o debate e inclui todos os seres humanos, independentemente de estarem vivendo sob um regime democrático liberal, ou de ocuparem lugares específicos nas sociedades.

A principal demarcação da perspectiva de Nussbaum é que ela tenta fornecer uma explicação parcial e mínima acerca da justiça, especificando limites básicos que todos os governos de todos os países devem garantir aos seus cidadãos. A teoria de Nussbaum incide, dessa forma, sobre os limites morais fundamentais dos direitos humanos.

Seguindo o curso de como Nussbaum percebe sua abordagem sobre a teoria das capacitações, pode-se dizer que todos os direitos humanos, entendidos como capacitações, necessitam de recursos e de condições sociais apropriadas, exigindo uma intervenção direta por parte dos Governos. Logo, esta abordagem sobre a teoria das capacitações avança sobre a análise dos direitos fundamentais das mulheres e das minorias em geral, bem como sobre os direitos dos economicamente desfavorecidos e dos deficientes.

Assumindo-se a ideia de que todos os cidadãos do mundo têm direito, em um nível mínimo, digno, das capacidades listadas por Nussbaum, pode-se trabalhar a partir de um ponto de início para pensar sobre como as nações, as organizações e os acordos internacionais, as empresas multinacionais, as ONGs e os indivíduos podem compartilhar os deveres correspondentes a esses direitos.

E, novamente, a literatura: o que ela pode fazer?

A Literatura, quando não é subtraída em sensibilidade e em alteridade, abre caminhos para que o leitor exercite-se enquanto sujeito ativo e consciente, o que contribui para promoção da qualidade de sua vida social e para que ele não perca sua humanidade em meio a utilitarismos.

A gente se perde da gente... para mim, essa é quase uma constatação atual. A gente tem se perdido entre o medo e a sensação de insegurança. Todos que não concordem comigo são meus inimigos, todos que discordem devem ser estigmatizados, cancelados e combatidos com vigor. Não há tempo a perder, o confronto é a salvação, é a resposta à inobservância do Estado, é a justificativa para expor nosso lado mais abjeto.

Mitigar a importância da nossa subjetividade no cotidiano é evidente fator de retrocesso. Não nos rendamos. Não nos deixemos abafar pelos dias brutos, pela hipermodernidade, pela sociedade do desempenho. Conservemos o nosso sonho transformado em ação, a cada dia.

Se você se perdeu no caminho, é hora de reconfigurar. Olhe no espelho de casa, no retrovisor do carro, na *selfie* do celular e responda: *você ainda se reconhece?*

7

A nudez dos afetos

Ah, viver é tão desconfortável. Tudo aperta: o corpo exige, o espírito não para, viver parece ter sono e não poder dormir — viver é incômodo. Não se pode andar nu nem de corpo nem de espírito.

Clarice Lispector,
Água Viva

Na sociedade do desempenho, o trabalho se torna o principal critério social de identificação. A sua imagem de sucesso passa a ser atrelada ao *status* que sua profissão adquire socialmente. Faça o teste: peça a um amigo que te defina em algumas palavras, pergunte o que ele ou ela falariam de você caso tivessem que te apresentar a alguém. Aposto que a sua profissão seria a primeira característica apontada, talvez a segunda ou a terceira, mas disso não passaria!

Esse processo acontece desde cedo. Basta perceber a perspectiva de quem está apenas começando a traçar a vida profissional, no vestibular — imerso em paradigmas que tentam limitar as possibilidades a partir de algumas áreas específicas: Direito, Medicina, Economia, Engenharias e Relações Internacionais são os cursos da moda, promessas de sucesso, de rentabilidade.

Tudo fora disso parece desenhar uma vida de precariedades, de incertezas, de instabilidades. E haja saúde emocional para aguentar uma competição tão acirrada por um curso que, muitas vezes, você nem deseja.

Ironicamente, pode ser que você queira me perguntar se eu aconselharia alguém a fazer *Letras* ou qualquer outra Licenciatura em tempos tão conturbados para a Educação. Minha resposta mais sincera seria "sim", posposta de uma reflexão: *pesquise, antes, sobre as dificuldades e as bonanças do mercado laboral em que você pretende ingressar. Perceba se você consegue se imaginar feliz atuando dessa forma.*

Quanto à sala de aula, posso dizer: *só vale a pena caso você esteja disposto a ser peça de uma engrenagem que se modifica paulatinamente, de uma revolução que acontece aqui e agora, de um constante debate que ora se desenvolve como uma acirrada partida de tênis, ora como um descontraído frescobol* — para lembrar, novamente, a metáfora de Rubem Alves.

No mais, há momentos bons e ruins, como em qualquer outro trabalho.

Levando a discussão por esse caminho, me vem à cabeça o documentário *Take your pills*, da diretora Alison Klayman, que propõe essa temática pelo olhar da automedicação, do uso, principalmente, da *ritalina* — pensando no contexto brasileiro — como medicamento que possibilitaria a concentração máxima durante um processo de estudo ou de trabalho — mesmo para os que não apresentam laudo algum que justifique a medicação — e, consequentemente, um hiper, máximo, ultra resultado.

Na hipermodernidade, não há escolha, não há alternativa, senão evoluir, para não ser ultrapassado pela evolução. Quanto menos o futuro é previsível, mais ele precisa ser mutável, reativo. Mais rapidez, mais rentabilidade, mais desempenho, mais inovação, mais medicalização. Mais eficácia.

Expectativas baseadas em utilitarismos. Fica a dúvida se, na realidade, isso não significa modernização cega, processo que transforma a vida em algo sem propósito e sem sentido. *O Everest a qualquer custo.*

Estamos alargando os limites saudáveis do senso de competição. Uma vida construída sobre o imperativo da técnica, da aceleração do tempo, é vazia em subjetividade. Calculamos sempre as horas que nos faltam, nunca as que temos.

Assumem-se as sensações de atraso e de cansaço como verdades e vamos esquecendo que, quando se tem muitas tarefas a fazer, a meta serena é resolver cada coisa de uma vez.

Simples... mas a simplicidade tem sido encoberta pelos acelerados ponteiros dos relógios. Essa caminhada que tenta nos fazer internalizar a ideia de que todo adversário é inimigo já mostrou suas mais perversas nuances: os transtornos ligados à saúde emocional preocupam Organizações, governantes, escolas, famílias, amigos... Perde-se muita gente querida nessa história, precisamos transformar esse jogo.

A correria e a obrigatoriedade do *check-list* diário são fatores que interferem, inclusive, na nossa visão metonímica da vida. Olhamos para parte e imaginamos ver o todo...

Se um aspecto da nossa vida não vai bem — porque sim, isso acontece, é natural — transferimos esse mal estar para a realidade inteira, paralisamos diante da impotência da negatividade, da falta de sentido, da impossibilidade de relativização.

Sem saída, sem portas, janelas, escadas, passagens secretas, tornamos mais difícil a reconciliação com o mundo como ele é — *o amor fati, para lembrar Nietzsche.* As idealizações — de uma perfeição inalcançável — emergem e nos colocam sempre aquém de uma felicidade prometida e eterna.

Queremos a estabilidade, a continuidade, a inércia, mas Schopenhauer já nos alertou sobre o movimento pendular da vida, que dança entre o *sim* e o *não*, entre o *desejo* e a *presença*, entre o que *foi* e o que é, entre o que é e o que *poderia ter sido*. Vivência em trânsito. Insólita e fugaz. A gente sabe muito pouco sobre a vida, e tudo bem quanto a isso.

Ao redor de tantas incertezas, o que nos resta? O instante. A vida em potência. O essencial — *aquilo que se faltasse a tal coisa ela deixaria de ser o que é.* Os fragmentos em constante interação. Os afetos.

Nossa vida entendida não só pelo que somos, mas pelo modo como nos relacionamos com o outro. Talvez, se ampliássemos nossa capacidade de perceber como o mundo nos afeta, poderíamos compreender melhor nossas relações, nossas reações, a vida em movimento, em busca de encontros alegres que despertem nossa potência de agir.

À luz de Baruch Spinoza, a autopreservação — o *conatus* — está em constante diálogo com a compreensão dos afetos, refere-se a conservar aquilo que ascende a nossa alegria.

Diz muito sobre a *coragem* de tirar do fundo da bolsa o que não funciona mais, de arrumar as gavetas e jogar fora chaves antigas, de virar páginas, de escrever histórias inesperadas, de construir novas esquinas, de se apaixonar pelo imprevisível, pelo dia a dia, pela autonomia... já que a liberdade é dada pelos *afetos* que podem nos levar, embalados em canções.

(Lá vem Cazuza, e toda sua magia...): Tudo é questão de obedecer ao instinto / Que o coração ensina ter, ensina ter / Correr o risco, apostar num sonho de amor / O resto é sorte e azar... Sorte e azar...

Obrigada por seguir comigo nesse cotidiano viver que é a vida em si...

Referências bibliográficas das citações

ESTER, Maria. *Justiça e Desenvolvimento no pensamento de Amartya Sen*. Rio de Janeiro: Vozes, 2012.

ISER, Wolfgang. A interação do texto com o leitor. In: COSTA, Luiz Lima (org.) *A literatura e o leitor*. Rio de Janeiro: Paz e Terra, 1979, p. 83 — 132.

--- . *O ato da leitura. Uma teoria do efeito estético* .São Paulo: Editora 34, 1999. v 1.

NUSSBAUM, Martha. *Justiça Poética*. Rio de Janeiro: Martins Fontes, 2014.

--- . *Quality of life*. Belknap Press, 2006.

LISPECTOR, Clarice. Água viva. Rio de Janeiro: Editora Rocco, 2005.

--- . Cartas perto do coração: Editora Rocco, 2006.

YUNES, Eliana. *A experiência da leitura*. Rio de Janeiro: Edições Loyola, 2001.

--- . Círculos de leitura: teorizando a prática. Rio de Janeiro: Edições Loyola, 2001.

--- . *Pelo Avesso: A Leitura e o Leitor*, Rio de Janeiro: Uapê, 2010.

--- . *Pensar a leitura*: complexidades. Rio de Janeiro: Edições Loyola, 2005.

--- . *Tecendo um leitor: uma rede de fios cruzados*. Curitiba: Aymará, 2009.

--- . Entrevista concedida a Fillippo Cavalcanti. Rio de Janeiro. S.d.

Este livro foi composto por letra em Adobe Garamond Pro
11,5/16,0 e impresso em papel Pólen Bold 90g/m².